# 눈의 언약

A COVENANT WITH MY EYES

www.oasishouse.com
www.bobsorge.com

# 눈의 언약

초판 발행 2016년 1월 30일
재판 발행 2018년 10월 1일

지은이 밥 소르기
옮긴이 신지혜
발행인 오경희
발행처 샬롬서원

주소  서울특별시 동대문구 이문로 12길 51
전화  02-959-7982
홈페이지 www.shalomint.net
출판등록 제305-2009-00004호

ISBN 978-89-951491-3-3  03230

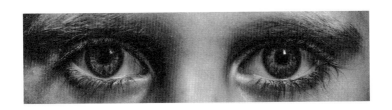

# 눈의
# 언약

밥 소르기 지음 | 신지혜 옮김

샬롬서원

## 내 아들 마이클에게

나는 너의 결정들을 지켜보았단다. 너는 구별된 삶과 하나님의 마음을 따르는 길을 선택했고 그분의 부르심에 순종했다. 너는 하나님 앞에서 맺은 눈의 언약을 지켰고 주님은 너를 도우셨다. 요한계시록 14장 4절의 무리처럼 더럽혀지지 않고 어린 양을 따라갈 수 있는 하나님의 은혜가 너와 항상 함께하기를 기도한다.

아들아, 예수님을 마음으로 사랑하는 세대를 일으켜 세워라. 이것이 바로 눈의 언약이다.

## 감사의 인사

이 책은 공동 작업이었습니다. 혼자서는 집필할 수 없다는 것을 잘 알기 때문에 정예부대의 도움을 받았습니다. 이 책이 나오기까지 도와주신 분들께 특별한 감사를 전합니다.

Katie Hebbert, Jennifer Roberts, Marci Sorge, Tracey Sliker, David Sliker, Corey Russell, Michael Sorge, Tracey Bickle, Sarah McNulty, Micah Rose Emerson, Benji Nolot, Anna Sorge, Marie Grotte, Hollie Carney, Nicola Walsh, Jeff Ell, Chris Wood, Joan Wood, Robert G. Smith, Joseph Zwanziger, Dale Anderson, Paul Johansson, Penn Clark, Matt Dawson, Josh Cole, Daniel Juster, Billy Humphrey, Dave Belles, Evan Beenhouwer, Sophia Beenhouwer, Mike Rizzo, James Crum, Kristen Williams, Sylvia Evans, David Kelso, Rebecca Myers, Rhonda Hughey, Michele Cole, Edie Mourey, Rosey Andrews, Eileen Tiberio, Linda Bloemberg, Kelly Spyker, Brenda Bravatty, Erik Eskelund, Tami Eskelund, and Kelsey Bohlender.

눈의 언약은 당신의 생각과
마음에 파고들려는 유혹을 막아준다.

part 1
눈의
언약이란

# chapter 1

# "너는 실제로는 한 번도
# 그렇게 하지 않았구나"

### 용모가 곱고 아리따운 처녀라 (에 2:7).

성 (性).

이 책은 성에 관한 책이다. 이 주제는 우리의 시선과 관심을 끈다. 하지만 한편으로는 우리를 움츠러들게 한다.

"이 책이 의도하는 바는 무엇일까? 불편하거나 민망하지 않을까?"

성을 언급할 때 위축되는 이유는 에덴동산에서 아담과 하와가 입은 엄청난 상처 때문이다.

여자가 그 나무를 본즉 먹음직도 하고 보암직도 하고 지혜롭게 할 만큼 탐스럽기도 한 나무인지라 여자가 그 열매를 따먹고 자기와 함께 있는 남편에게도 주매 그도 먹은지라 이에 그들의 눈이 밝아

져 자기들이 벗은 줄을 알고 무화과나무 잎을 엮어 치마로 삼았더라(창 3:6-7).

아담과 하와가 하나님께 불순종했을 때, 그들은 죄와 정면충돌했다. 그 충돌로 그 자리에서 즉사하지는 않았지만, 상처는 과히 치명적이었다. 그들은 결코 회복되지 못했고 죽음을 피할 수 없게 되었다.

죄를 지은 후 아담과 하와에게 일어난 첫 번째 변화는 그들의 눈과 관련이 있다. 그들의 눈이 열려서 자신들이 벌거벗고 있음을 보게 된 것이다. 죄로 인해 입게 된 첫 번째 상처는 그들의 성에 고스란히 남았다. 그들 존재의 모든 부분이 상처를 입었지만, 성보다 더 직접적이고 즉각적으로 입은 영역이 없다. 그래서 현재까지 그들의 후손도 동일한 상처를 지니고 있다.

이런 상처가 겉으로 드러나는 상황 중 하나는 성이라는 주제가 언급될 때 우리가 느끼는 감정이다. '성'이라는 단어를 입 밖으로 낼 때마다 내면에서 무언가가 움찔한다. 우리의 성은 상함을 입었고, 멍들었고, 건드리면 고통스럽다. 부끄러움, 수치심, 죄책감, 후회, 정죄함, 참소, 두려움, 분노와 회한 등 다양한 감정을 느낀다. 그래서 본능적으로 이 상처를 하나님과 사람들에게 감추고 덮고 싶은 것이다.

예수님을 진정으로 사랑하는 그리스도인은 특히 성을 포함한 삶의 모든 영역이 그분의 기쁨이 되어야 한다. 하지만 많은 사람이 자신을 패배자라고 생각한다. 어떤 이들은 성적 순결함을 지키기 위한 전쟁을 그리스도인 삶의 최전선으로 보는데, 이 전쟁에서 승리를 맛보는 경우는 드물다. 여러 시도를 해보지만 실패하고, 연거푸 노력하지만 또 다시 실패한다. 다양한 책을 읽고, 세미나에 참석하고, 소모임을 하고, 기도 파트너를 두는 등 다양한 노력을 하는데도 여전히 실패는 우리 삶 가운데서 계속되고 있다.

나는 담대하게 선포할 수 있다. 이 책에 제시된 승리를 위한 도구는 지금까지 활용한 그 어떤 도구보다 당신의 삶을 변화시킬 능력이 될 것이다. 이 도구는 성령님께서 공인하신 하나님의 기록된 말씀에 나와 있기 때문이다.

이 강력한 성경적인 도구를 어떻게 처음 접하게 됐는지 나의 이야기를 나누는 것으로 시작하겠다.

2006년 12월이었다. 성경 묵상 시간에 욥기 31장 1절을 읽었다.

"내가 내 눈과 약속하였나니 어찌 처녀에게 주목하랴."

나는 예수님께 온전히 구별되어 드려지기를 열정적으로 추구해 왔기 때문에 이 말씀을 놓고 다시 그분께 내 자신을 드리는 기도를 했다.

"네, 주님. 제가 주님께 다시 한 번 '네'로 화답합니다. 이 말씀에 다시 순종합니다. 제 눈은 주님께 속해 있습니다. 제 마음을 온전히 드립니다. 주님 앞에 순결한 삶을 살기로 마음을 정합니다. 주님을 만나고 싶습니다. 이 말씀을 저에게 주옵소서."

성령님께서 내 마음 가운데 부드럽게 속삭이셨다.

"그런데 너는 실제로는 한 번도 그렇게 하지 않았구나."

그 순간 나는 꼼짝할 수가 없었다.

"주님, 저는 눈과 언약을 맺지 않았습니다. 그런데 눈과의 언약이라니요. 그게 얼마나 심각한 것인데요. 언약은 주님 앞에서 서원하는 것과 마찬가지 아닌가요? 서원이 얼마나 두려운 것인데요. 연약하고 실패가 가득한 성이라는 영역을 놓고 어떻게 감히 언약을 맺겠습니까?"

나는 하나님께 딱 걸렸다. 사실 나는 말씀대로 행하지 않으면서 말로만 그 말씀에 '네'라고 했던 것이다. 나는 마음의 헌신과 결단을 한 적은 있지만, 내 눈과 언약을 맺은 적은 없었다.

나는 이 말씀을 붙잡고 간절히 기도했다.

"주님, 제가 언약을 맺어야 합니까?"

시간이 지날수록 성령님께서 나의 성을 더 높은 차원의 구별된 자리로 초대하고 계시다는 것을 알 수 있었다.

나는 말씀대로 행하지 않으면서
말로만 그 말씀에 '네'라고 했던 것이다.

하지만 이런 서원을 하는 것이 두려웠다. 왜냐하면 하나님과 맺
는 언약의 중요성을 잘 알기 때문이다. 10장에서 눈의 언약이 왜
두려운지에 대해 자세히 설명하겠지만, 그중 한 가지 이유는 내
몸에게 어떤 변명을 할 소지도 남기지 않는다는 것이다. 서원이
란 "실패하면 이렇게 보완하겠습니다"라고 하는 것이 아니라 "절
대로 이 서원을 깨지 않을 것을 약속합니다"라고 하는 것이다.

이것은 정말로 두려운 일이다. 그래서 나는 이 문제를 놓고 일
주일 동안 기도했다. 성령님께서 내게 제안하시는 것이 무엇인지
정확히 분별할 필요가 있었고, 이 서원에서 벗어나지 않고 충실히
따를 준비가 되었는지 확인하고 싶었다. 나는 비용을 계산하고 있
었던 것이다.

## 서원하다

나는 언약에 대한 두려움이 선물이라는 사실을 깨닫게 되었다. 언약을 맺는 것은 하나님에 대한 경외심을 옷 입는 것이다. 하나님과 언약을 맺었다는 사실의 중압감이 유혹의 순간에 눈길을 돌릴 수 있도록 돕는다. 내가 현명하다면 이 두려움을 피하지 않을 것이다.

"여호와를 경외함이 지혜의 근본이라"(시 111:10).

일 주일 동안 기도 한 후에 내 앞에 은혜의 문이 열려 있다는 것을 알게 되었다. 하나님께서는 눈과의 언약으로 초대하셨고, 이것은 언약을 지킬 수 있도록 내게 은혜를 부어 주신다는 것을 의미했다. 나는 떨리는 마음으로 서원을 결심했다. 내 서원을 문서로 작성했고 일기장에 날짜와 함께 기록했다. 그리고 하나님께 기도로 서원을 고백했다. 이날은 내 삶에서 가장 두려운 날 중의 한 날이었다.

그리고 나서 나는 이 서원을 헌금으로 마무리하고 싶었다(성경의 몇 가지 서원은 하나님께 드리는 헌물이나 제사를 동반한다. 민 6:2 참조). 이 결정을 평생 잊지 못할 정도로 큰 헌금을 드리고 싶었고, 단 한순간의 유혹으로 중요한 서원을 잊어 버리고 싶지 않았다. 큰 헌금을 드리는 것으로 이 순간을 기억 속에 오랫동안 새겨둘 수 있다고 생각했다. 아내와 상의한 후 정기예금을 해약해서 주님께 헌금으로 드리고 이 언약을 봉인했다.

처음에는 이 언약 아래 살아간다는 것에 약간의 어색함과 불확신이 있었다. 다윗이 이제껏 입어보지 못한 갑옷을 입고 전쟁터에 나가는 심정이 어떠했는지를 생각하게 했다(삼상 17:39). 이 서원은 내게 새 옷과 같았고, 어떻게 입어야 할지 잘 몰랐다.

언약을 맺은 후 얼마 지나지 않아 있었던 일이다. 나는 어느 호텔 방에서 교육방송을 찾고 있었다. 텔레비전 리모컨을 손에 들고 손가락 두 개를 버튼 위에 올려놓았다. 이상한 장면이 나오면 재빨리 채널 돌릴 준비를 했다. 떨리는 손으로 리모컨을 들고 있었다. 이런 경험은 처음이었다. 나는 언약을 깰 수 있는 방송을 실수로라도 보고 싶지 않았다. 새 옷을 입고 살아가는 데 적응해야 했다. 이 서원을 하고 어떻게 살아가야 할까? 새 옷이 편하게 느껴질 때까지는 시간이 걸리는 법이다.


## 서원이 우리를 돕는 방법

서원의 목적은 우리가 연약한 순간에 마음을 순종하도록 봉인하는 데 있다. 우리에게는 유혹에 약한 순간들이 있다. 그리고 어느 정도의 호기심도 있다. 유혹에 약한 순간들이 호기심과 겹치면 우리는 빠르게 유혹에 넘어가 버릴 수 있다.

우리 모두는 각자의 성격에 따라 유혹에 취약한 순간들이 있다. 어떤 사람은 슬플 때, 어떤 사람은 행복할 때, 어떤 사람은 스트레스받을 때, 어떤 사람은 활기를 되찾고 편안할 때일 수 있다. 당신이 감정적으로 연약한 자리에 있을 때, 호기심을 자극하는 것을 만나면 죄를 짓기 가장 최적의 상황이 될 것이다. 마치 행성이 정렬해 있는 것처럼 그 순간이 얼마나 유혹에 넘어가기 쉬운지 자각하지 못할 것이다.

대부분의 사람은 그 순간에 넘어진다. 정상적인 상황에서는 유혹을 거절할 수 있지만, 특정 상황들이 겹치면 평상시에는 하지 않을 것들을 하게 되는 자신의 모습을 발견할 수 있다. 텔레비전 채널을 돌리지 않고 계속 보고 있다거나, 링크를 클릭한다거나, 그 화면을 다시 한 번 훑어보게 된다. 그래서 죄를 범하는 곳으로 가게 되고 그곳에서 환상이 시작된다. 연약한 순간에 호기심에 넘어간 것이다.

우리는 눈과의 언약이 필요하다. 즉 눈을 두지 말아야 할 것에 절대로 눈길을 주지 않겠다는 약속을 하나님의 임재 안에서 맺어야 한다. 언약은 호기심으로 한번 시도해 볼 수 있는 여지를 영원히 제거한다. 선정적인 방향으로 흘러가는 텔레비전 방송을 계속 시청할 자유가 더 이상 없다. 더 이상 수상한 링크를 클릭할 자유가 우리에게는 없다. 눈의 언약은 당신의 호기심에 십자가를 꽂는 것이다.

> 눈의 언약은 당신의 호기심에 십자가를 꽂는 것이다.

언약에는 보존 능력이 있다. 당신이 언약을 높이 여기면 언약은 당신을 보호할 것이다. 당신이 흔들리거나 호기심을 갖는 순간 언약은 당신 앞에 나타나고 하나님에 대한 경외심으로 당신을 사로잡고 타협에서 눈을 돌릴 수 있게 한다. 연약해질 수 있는 순간, 당신을 보호하는 것이 언약의 역할이다.

나는 눈의 언약을 맺은 그날부터 이 언약이 나를 보호하는 것을 느꼈다. 하나님에 대한 경외심과 언약의 효력이 나를 사로잡은 것이다.

이 얼마나 놀라운 선물인가!

## 더 큰 승리가 당신을 기다리고 있다

눈의 언약을 맺은 그날부터 나는 성적 구별됨의 전쟁에서 더 높은 차원의 승리로 들어서게 되었다. 그 변화는 즉각적이고 컸으며 지금까지 지속되고 있다. 솔직히 말하자면 나는 아직 모든 유혹을 극복하는 온전한 승리를 거두지는 못했다. 우리가 죽어서 육신이 땅 속 깊이 묻히기 전까지 이 전쟁은 완전히 끝나지 않을 것이다. 우리는 모두 힘을 얻고 더 얻어 나아가(시 84:7) 이 전쟁을 계속 해야 한다. 하지만 한 가지 확실한 것은, 만일 주님께서 당신에게 눈의 언약을 맺도록 인도하신다면, 당신은 이 여정에서 새로운 차원의 승리를 즐기게 될 것이다. 당신은 그 차이를 실제적으로 뚜렷하게 보고 느낄 수 있다.

하나님 말씀에 전적으로 순종하는 삶을 살길 원하는가? 그렇다면 욥기 31장 1절을 다시 한 번 읽어보자.

"내가 내 눈과 약속하였나니 어찌 처녀에게 주목하랴."

주님은 당신의 성이 숨김없이 전적으로 거룩하게 구별되는 자리로 부르신다. 이 여정에 동참하며 눈의 언약을 맺겠는가?

개인적으로 이 언약의 능력을 체험할 때까지 이 책의 집필을 몇 년간 보류했다. 이 영역에서 하나님과 만남의 시간이 쌓인 지금, 이 책이 당신의 삶에 승리를 위한 중요한 열쇠를 갖고 있다고 당당히 말할 수 있다.

이 책이 성의 모든 영역에 대한 포괄적인 안내서는 아니기 때문에 모든 질문에 대한 해답을 주지는 못할 것이다. 다만 이책은 구체적인 한 가지 주제, 즉 우리를 순결함으로 인도하기 위한 하나님께서 만드신 성경적인 도구에 초점을 맞추었다.

한 가지만 덧붙이면, 나는 이 책에서 언약과 서원이라는 용어를 번갈아가면서 사용했다. 이유는 성경에서 그렇게 했기 때문이다.[1]

이 주제에 대해 궁금증이 있을 수 있다는 것을 알기에, 언약이 무엇인지, 왜 도움이 되는지를 설명하겠다. 이것을 통해 궁금한 점과 하나님의 은혜 안에서 언약을 실천할 수 있는 실제적인 조언을 하고 싶다.

먼저 언약의 성경적인 개념을 살펴보자.

---

1. 언약을 뜻하는 히브리어는 *bereeth*(Strong's 1285)다. 서원을 뜻하는 히브리어는 *neder*(Strong's 5088)이다. 맹세를 뜻하는 히브리어는 *awlaw*(Strong's 423)와 *shebooaw*(Strong's 7621)이다. 약속을 뜻하는 히브리어는 *dawbawr*(Strong's 1697)이다. 각 단어의 뜻은 고유하지만, 동의어의 경우 흔히 그렇듯 뜻이 겹치고 번갈아 사용할 수 있다. 구약성경에 히브리어 동의어들이 어떻게 번갈아 사용되었는지를 보기 위해 시편 132편 2절과 신명기 23장 23절, 29장 14절을 참조하라. 약속과 언약은 갈라디아서 3장 17절과 히브리서 9장 15절에 번갈아 사용되었다. 각 단어의 고유 뉘앙스에 대해 설명하자면, 언약(*bereeth*)은 보통 하나님(때로는 다른 사람)과 맺는 것이고, 서원(*neder*)는 항상 하나님과 맺는 것이며, 맹세(*awlaw, shebooaw*)는 하나님과 사람 모두에게 적용할 수 있는 단어다.

# 눈의 언약을 위한 나눔

탐구

욥이 그의 눈과 언약을 맺었다고 말한 이유는 무엇인가
요? 그 당시 욥에게 무슨 일이 벌어지고 있었나요? 욥기
31장 1절의 문맥을 살펴보세요.

나눔

당신이 이 성경공부를 시작하게 된 이유를 소그룹의 형제
자매들과 나누어 보세요. 이 공부를 통해서 바라는 것과
하나님께 구하는 것은 무엇인가요?

기도

이 책을 읽을 때 하나님께 기도 응답을 구하세요. 하나님
의 뜻을 향한 정한 마음과 그분과의 친밀감이 더 깊어지
도록 사모하는 마음을 고백하세요.

# chapter 2

# 언약의 힘

내 눈과 약속하였나니 어찌 처녀에게 주목하랴 (욥 31:1).

욥이 생각한 언약의 개념을 이해하기 위해서는, 욥기는 성경에서
가장 오래된 책이고, 모세가 창세기를 기록하기 수세기 전에 이미
기록되었다는 사실에 주목해야 한다. 언약이라는 개념은 오랫동
안 존재해 왔다. 욥기의 근원을 살펴보는 것은 인류 최고(最古)의
영성으로 거슬러 올라가는 것이다.

　과거의 성도들은 욥기와 요한계시록을 함께 공부했다. 성경의
첫 번째 책과 마지막 책을 함께 연구하는 것은 예수님의 이 말씀
을 생각나게 한다.

　"이와 같이 나중 된 자로서 먼저 되고 먼저 된 자로서 나중 되리
라" (마 20:16).

과거 신학의 권위자들은 처음에 언급된 성경적 진리가 마지막 때의 성도들을 위해 특별한 상징성이 있다는 것을 인지했다. 이런 해석의 원리는 욥기가 마지막 때를 위한 메시지를 담고 있다는 견해를 제시한다. 이것이 욥기 31장 1절에 어떻게 적용되는가? 이 구절은 욥기에 담겨 있는 고대의 경건함의 원칙을 발굴하여 마지막 날에 눈의 언약을 맺을 세대가 일어날 것이라는 예언적 선포다.

욥이 사용한 '언약'은 당신에게 헤드록(headlock)을 걸어서 땅바닥에게 내던지는 강력한 단어다. 욥은 그저 약속을 선포한 것이 아니다. 그는 언약을 맺은 것이다.

이 단어에 담겨 있는 강력한 이미지는 하나님께서 아브라함과 언약을 맺은 때로 거슬러 올라간다(창 15:7-21). 하나님께서는 아브라함에게 짐승 세 마리를 반으로 갈라서[2] 두 마리의 새와 함께 땅에 마주 대하여 놓으라고 하셨다. 쪼개진 고기의 의미는 언약 위반 시 동물에게 임한 파멸이 언약을 위반한 사람에게 동일하게 임할 수 있다는 것이다.

그리고 하나님의 본체를 상징하는 연기 나는 화로와 타는 횃불이 쪼개진 고기 사이를 지나가는 것과 하나님께서 아브라함에게

---

2. 여기서 "언약을 자르다"(karat berit-옮긴이)라는 표현이 유래되었다.

하신 놀라운 약속을 반복해서 선포하시는 것이 언급된다(창 15:12-16). 하나님과의 언약이 유효하다는 것을 아브라함에게 보여 주시는 방법이다. 하나님은 아브라함에게 쪼개진 고기 사이를 지나가라고 요구하시지 않았다. 하나님께서 홀로 쪼개진 고기 사이를 지나가심으로 아브라함과 그의 후손이 언약을 지키든 지키지 않든 그와는 무관하게 하나님께서는 반드시 언약을 지키신다고 말씀하신 것이다. 하나님께서는 한 번도 아브라함과의 언약을 철회하신 적이 없으시며 앞으로도 그렇게 하지 않을 것이다.

그 시대에 언약이라는 개념은 이렇게 중대한 것이었다. 결코 말로만 약속하는 가벼운 것이 아니었다. 욥이 눈의 언약을 맺었다고 했을 때, 그는 우리 가슴에 대못을 박을 정도의 위력 있는 강력한 단어를 사용한 것이다.

> 언약은 우리 가슴에 대못을 박을 정도의
> 위력 있는 강력한 단어다.

언약이라는 성경적 개념의 무게를 고려했을 때, '서원'이란 말이나 문서로 하는 약속으로 절대 위반하면 안 되며, 위반 시 그에 따른 대가를 치른다는 언약적 서원의 정의를 내포하고 있다.

## 서원은 항상 하나님을 포함한다

문형(文型)을 가지고 꼬투리 잡는 사람은 욥의 언약에 대해 지적할 것이다.

"욥은 하나님과 언약을 맺은 것이 아니라 눈과 언약을 맺은 겁니다. 하나님과는 관계가 없습니다."

하지만 언약이라는 단어 자체가 하나님의 개입을 암시한다. 욥이 눈과 언약을 맺었을 때, 하나님의 임재 안에서 맺은 것이다. 그의 언약은 이런 의미가 있다.

"하나님께서 나의 증인이 되십니다. 나는 음욕을 품고 여자를 바라보는 것을 절대로 허락하지 않겠습니다. 내 눈이 절대로 그렇게 하지 않을 것입니다. 하나님의 도우심으로 절대로 그런 일이 일어나지 않을 것입니다."

눈의 언약을 깨는 것은 하나님과의 언약을 깨는 것과 같다.

솔로몬이 혼인 서약을 "하나님의 언약"으로 언급함으로써(잠 2:17) 하나님께서 언약에 포함되신 것을 확증한다. 다른 말로 하면 여자가 그녀의 남편과 혼인 서약을 할 때 그녀는 하나님과도 언약을 맺는다는 것이다. 남편과의 언약을 깨는 것은 하나님과의 언약을 깬다는 의미다. 그러므로 언약에 하나님이 개입하시는 것은 당연하다.

눈의 언약은 당신의 마음과 눈과 하나님과 맺는 세 방향의 언약
이다.


## 욥 이야기

욥기 31장 1절의 강렬한 고백에 앞서 있는 사건들은 꽤 놀랍다.[3]
하늘에서 하나님과 사탄은 욥을 놓고 겨루고 있었다. 사탄은 욥이
하나님을 저주하게 만들 수 있다고 말했고, 하나님은 욥이 끝까지
하나님에게서 돌아서지 않을 것이라고 말씀하셨다. 하나님의 허락
하에 사탄은 욥에게 역경을 물밀듯이 풀어놓았다. 그는 모든 재산
을 잃고(가축과 낙타와 종들 전부), 자녀 열 명을 모두 태풍에 잃고 건강
까지 잃었다(발바닥에서 정수리까지 종기가 남). 모든 것을 잃었음에도 불
구하고 그는 하나님을 저주하지 않았다(욥 1~2장 참조).

> 눈의 언약을 깨는 것은 하나님과의 언약을 깨는 것이다.

그리고 욥의 친한 세 친구가 위로하러 찾아왔다. 그들은 칠 일

---

3. 저자의 《욥기: 고통을 통한 거룩한 승진》을 읽어보길 권한다.

동안 비탄에 잠겨 욥과 함께 잠잠히 앉아 욥의 고통의 원인에 대한 철학적 토론을 시작한다. 욥기의 대부분을 차지하는 이 토론은 인간의 고통의 원인에 대한 예리하고 역동적인 담론이다. 욥의 친구들의 주장은 다음 논리로 요약할 수 있다.

- 하나님은 선한 자를 축복하시고 악한 자를 심판하신다.
- 그러므로 욥의 고난은 큰 악함에 대한 심판일 것이다.
- 욥이 자신의 악함을 뉘우치지 않는다면 하나님의 심판에서 벗어나지 못할 것이다.

친구들과는 반대로 욥은 이 고난이 자신의 죄에 대한 하나님의 심판이 아니고, 자신은 흠 없고 의로운 삶을 살아왔다고 주장한다. 그는 논쟁이 지속되는 내내 자신의 의로움을 고수했다.

토론 말미에서 욥은 자신의 의로운 행위에 대한 자세한 묘사를 통해 흠 없음을 입증하고자 한다. 윤리적으로 사업을 경영했으며, 결혼생활의 정절을 지켰으며, 종들은 선하게 대했으며, 가난한 자들에게 베풀었으며, 아비 없는 자들을 보호했으며, 탐욕이 없었으며, 우상 숭배하지 않았으며, 남들에게 호의를 베풀었으며 일꾼들에게 정당한 보수를 지불했다고 말한다. 욥기 31장은 상상할 수 없는 고통 가운데 있는 욥이 하늘을 향해 목소리를 높여 "하나님 앞에서 온전하고 의롭게 살아왔다"라고 외치는 간증의 최정점이다. 그가 열거한 것들 중 가장 먼저 언급된 것은 바로 이 강렬한 단언이다.

"내가 내 눈과 약속하였나니 어찌 처녀에게 주목하랴"(욥 31:1).

욥의 고백의 뜻은 이렇다.

"하나님은 저에게 음욕을 품고 다른 여자를 바라보는 것에 대해 벌을 내리실 리가 없습니다. 수년 전에 저는 눈의 언약을 맺었으며 이것을 충실히 지켰습니다. 제 눈이 여자를 성적 대상으로 바라보는 것을 허락하지 않겠다고 서원했습니다. 제 눈은 오직 제 아내와 하나님을 위해 구별되었습니다."

욥은 눈의 언약에 대해 언급할 때 느꼈을 감정의 강렬함을 전달하기 위해 이 고백의 배경을 설명한다. 그의 목소리에는 열성과 확신이 있다. 그는 흠 없는 삶이 무엇인지 세월이 지나도 변치 않는 기준을 세운 것이다.

우리가 욥의 흠 없음에 대해 의심스럽게 생각하기 전에 하나님께서 직접 개입하셔서 욥의 의로움을 대변하신다. 마지막에는 하나님께서 의로운 자의 손을 들어주신다는 것을 보여 주며 욥의 이야기는 마무리된다. 꼭 읽어봐야 하는 이 이야기는 눈의 언약을 맺는 지혜에 대한 강렬한 간증이다. 욥기를 읽음으로써 우리는 하나님께서 욥의 죄를 심판하려고 하신 것이 아니라 매우 심오한 방법으로 순결의 능력을 드러내신 것을 깨닫게 된다.


## 명령이 아닌 초대

욥 31장 1절은 명령이 아니다. 성령님께서 우리에게 이 말씀으로 감동을 주실 때 모든 성도를 향한 명령으로 계시하지 않으셨다. 오히려 이 구절은 초대의 어조다.

"욥도 이렇게 했는데, 너도 해보겠니?"

명확하게 말하면 욥의 언약이 명령으로 표현되지 않은 반면에 우리에게 순결하도록 명령하는 성경 구절들이 있다.

"영혼을 거슬러 싸우는 육체의 정욕을 제어하라"(벧전 2:11), "그러므로 땅에 있는 지체를 죽이라 곧 음란과 부정과 사욕과 악한 정욕과 탐심이니 탐심은 우상 숭배니라"(골 3:5).

우리는 순결을 지키라는 명령을 받았다. 이 명령에는 구체적인 설명이 없는데 어떻게 그 목적을 달성할 수 있을까? 모든 그리스도인은 자신에게 도움이 될 최선의 방법을 찾을 자유가 있다.

눈의 언약은 순결의 수단이자 도구다. 하나님께서 주신 실용적이고 능력 있는 도구로서 우리가 구별된 삶을 사는 데 도움이 된다. 우리는 욥처럼 눈의 언약 맺을 것을 명령받지 않았지만 욥기 31장에 그 언약의 지혜가 확실히 제시되어 있다. 말씀은 우리를 이렇게 초대한다.

"만일 육신의 정욕에서 승리하고 성의 영역에서 주님께 기쁨을 드리길 간절히 원한다면, 눈의 언약을 맺는 자리로 초대합니다. 눈의 언약은 타협이 시작되는 눈의 문에서 유혹을 무력화시키는 가장 공격적이고 효과적인 방법입니다."

눈의 언약은 순결의 수단이자 도구다.

다음 장에서는 눈의 문에 대해서 알아보자. 사실 유혹은 눈을 중심으로 우리를 공격한다.

# 눈의 언약을 위한 나눔

탐구

창세기 15장에서 하나님께서 아브라함과 맺은 언약을 공부하고 깨달은 점을 나누세요. 이 장에 제시된 언약의 정의를 확장해서 얘기해 보세요.

나눔

하나님 앞에서 순결을 지키기 위해 우리에게 주신 도구들에 대해 나누어 보세요. 머릿속에 떠오르는 도구들이 몇 개나 되나요? 눈의 언약을 하나의 도구로 여기는 것이 도움이 되었나요?

기도

골로새서 3장 5절을 놓고 함께 기도하세요. 이 말씀에 순종할 수 있는 능력을 주님께 구하세요.

# 눈의 문

성문에서 싸움을 물리치는 자에게는 힘이 되시리로다 (사 28:6).

오늘 당신의 눈을 놓고 큰 전쟁이 벌어지고 있다. 당신의 눈을 취하기 위해 천국과 지옥이 대단한 전쟁을 치르고 있는 것이다. 왜 그런가?

눈은 성(性)에 이르는 문이기 때문이다.

성문(城門)으로 들어오고 나가는 모든 움직임을 통제하는 요새를 상상해 보라. 눈이 출입을 허락하는 것은 마음에 출입하는 것의 본질을 결정한다.

성적 순결함의 전쟁을 치를 때, 우리는 눈에서부터 시작한다. 눈의 문이 예수 그리스도의 주권에 순복하고 온전히 드려질 때까지 순결의 고지(高地)를 취할 수 없다.

실제로 눈은 성뿐만이 아니라 더 많은 것에 이르는 문이다. 음식, 음료, 소유물 같은 것들을 포함한 많은 욕구와 연결된 문이다. 사도 요한이 "안목의 정욕"에 대해서 언급했을 때(요일 2:16) 우리 마음에 있는 모든 욕구를 염두에 두었겠지만, 이 책은 특별히 눈이 성에 영향을 미치는 방법에 초점을 두었다.

눈은 성(性)에 이르는 문이다.

눈이 성에 이르는 유일한 문은 아니다. 귀와 손과 코(청각, 촉각, 후각)는 2차 문에 해당된다. 이 부분들은 눈에 비해 그 위력은 적다. 시각 장애인을 제외하고 말하면, 눈은 주된 문이고 눈이 정복되면 나머지는 쉽게 다스릴 수 있다. 그렇기 때문에 눈은 정복되어야 하는 가장 첫 번째이자 큰 문이다.

## 성경은 눈과 성을 연결 짓는다

눈과 성의 연결고리는 성경에서 쉽게 확인할 수 있다. 먼저 이 책의 대표적 성경 구절인 욥 31장 1절이 있다.
"내가 내 눈과 약속하였나니 어찌 처녀에게 주목하랴."

하지만 이 말씀이 눈과 성을 연결 짓는 유일한 구절은 아니다. 성경은 보디발의 아내가 요셉에게 품은 성적 욕구에 대해 말할 때도 눈과 연결 짓는다.

"그 후에 그의 주인의 아내가 요셉에게 눈짓하다가 동침하기를 청하니"(창 39:7).

솔로몬도 음녀의 덫에 대해 아들에게 경고하면서 눈과 성의 연결고리를 다룬다.

"네 마음에 그의 아름다움을 탐하지 말며 그 눈꺼풀에 홀리지 말라"(잠 6:25).

욕망이라는 단어는 그릇된 성적 욕구를 가리킨다. 조심하지 않으면, 청년의 눈은 음녀의 아름다움에 사로잡히게 되고 음녀는 청년을 완전히 제압하기 위해 눈으로 그를 끌어당긴다.

예수님께서도 눈과 성 사이의 명확한 연결고리를 제시하셨다.

나는 너희에게 이르노니 음욕을 품고 여자를 보는 자마다 마음에 이미 간음하였느니라 만일 네 오른 눈이 너로 실족하게 하거든 빼어 내버리라 네 백체 중 하나가 없어지고 온 몸이 지옥에 던져지지 않는 것이 유익하니라 (마 5:28-29).

베드로도 교회 내 거짓 지도자들을 "음심이 가득한 눈을 가지고 범죄하기를 그치지 아니하고 굳세지 못한 영혼들을 유혹하며"(벧후 2:14)라고 묘사하면서 눈과 성의 연결고리를 이야기했다. 이 지도자들은 그들의 영향력을 이용해서 믿음이 견고하지 않은 신자들에게 죄를 짓도록 유혹했다. 거짓 지도자들의 마음은 음란이 가득했고, 그들의 눈은 내면의 욕망으로 들끓었다. 그들의 눈의 문은 음란에 활짝 열려 있었다.

성적 유혹이 눈과 연관되지 않는 경우는 거의 없다. 당신을 공격하는 대부분의 성적 유혹은 이 문을 통해 들어온다. 영화, 텔레비전, 컴퓨터, 휴대전화, 잡지 등은 이 유혹의 강력한 매개체다. 선정적인 방송에서 남자 배우와 여자 배우의 눈을 클로즈업하는 이유가 바로 여기에 있다. 시청자는 여자 주인공을 바라보고, 여자 주인공은 그들을 바라보고, 남자 주인공이 여자 주인공을 바라보면서 눈을 맞춘다. 욕망이 가득한 눈들이 강렬히 마주보며 서로를 사로잡는다. 그리고 몰입한 시청자는 그 장면에 제삼자로 들어서서 그들을 지켜본다. 그리고 그들의 눈이 된다.

이 전쟁은 모두 눈과 연결되어 있다.

## 성문에서의 전쟁

눈은 성에 이르는 문으로써 유혹과 맞서 싸우는 전쟁에서 가장 먼저 공격받는다. 전쟁이라는 단어를 사용하는 이유는 야고보서 4장 1절에서 순결을 지키기 위한 싸움을 전면전으로 묘사하기 때문이다. 눈의 문에서 우리가 허용하고 차단하는 것이 성적 거룩함을 위해 싸우는 전쟁의 환경을 결정한다. 이해하기 쉽게 설명하겠다.

> 눈의 문에서 우리가 허용하고 차단하는 것이
> 성적 거룩함을 위해 싸우는 전쟁의 환경을 결정한다.

당신의 눈의 문이 굳게 닫혀 있다면, 원수는 당신의 성곽(당신의 삶) 밖에 있을 수밖에 없으며, 당신은 우위를 점령한 상태에서 싸울 수 있다. 만일 그 문의 경비가 허술하거나 가끔 열려 있다면 유혹은 당신의 성곽 안에, 즉 당신의 생각과 마음속으로 침입할 수 있으며 당신은 공격에 무방비 상태로 노출된다. 어떻게든 싸워보려고 노력하지만 적군이 이미 당신의 성곽 안으로 침투해 있기 때문에 이길 수 없다.

우리의 삶을 성곽과 비교할 때, 나는 구약시대 성읍의 모습을 상상한다. 도시에 세워진 높은 성벽은 침략자들의 공격을 견뎌낼 수 있는 견고한 요새다. 쇠로 만들어진 성문은 공격받을 때 굳게 닫히고 성읍의 군사들이 성벽에 서서 침략자들을 물리쳤다.

침략자들은 항상 성문을 먼저 공격한다. 성벽은 매우 두껍기 때문에 요새의 가장 취약한 부분은 성문이다. 공성 망치(성벽 또는 성문을 부수기 위해 끝에 쇳덩어리를 단 통나무를 바퀴 달린 나무 마차 내부에 장착한 병기)가 성문을 먼저 공략한다. 침략자들이 성문을 뚫고 진입할 수만 있다면 성읍은 금방 함락당할 것이다. 그래서 이사야 28장 6절은 "성문에서 싸움을 물리치는 자"를 언급한다. 성읍을 방어하는 자들은 성벽에 자리를 잡고 성문이 무너지는 것을 막기 위해 싸운다.

적군에 포위된 성읍을 상상해 보자. 이것이 성적 순결을 위한 전쟁이다. 유혹은 성문을 뚫고 당신의 생각에 진치고 싶어 한다. 당신은 끊임없는 공격을 당하겠지만 원수를 성곽 밖에 둘 수만 있다면, 구별됨을 위한 전쟁에서 승리할 수 있다. 하지만 눈의 문이 뚫린다면 당신은 큰 위험에 빠질 것이다.

## 눈은 생각의 공급자다

눈이 성문이라면 생각과 마음은 안뜰과 같다(생각과 마음은 성경적으로 번갈아 쓸 수 있는 용어다. 예를 들어 창세기 6장 5절에 '그의 마음으로 생각하는'이라는 표현이 있다). 당신의 생각은 관제탑 또는 주기억 장치에 해당된다. 예수님께서 마음을 모든 성적 활동의 근본이자 중심으로 묘사하면서 이것을 확증하셨다(마 15:19).

눈은 생각을 작동시킨다. 즉 눈이 허락하는 모든 것은 머릿속의 분위기와 환경을 조성한다. 눈이 무언가에 시선을 두고 그것에 대한 정보를 머릿속으로 전달하면 뇌는 이 정보를 통해 일련의 생각들을 생산해 낸다.

눈이 선하다면 선정적인 이미지의 출입을 차단하고 오직 빛과 진리만 출입할 권리를 허용하여 몸 전체를 빛으로 채울 것이다(마 6:22). 만일 눈이 악하면 마음에 어두움이 침입하는 것을 허용하여 흑암에 묶이게 되고 심지어 육신까지 사로잡히게 된다(마 6:23).

야고보는 유혹이 성곽 안으로 들어올 때 우리 안에서 어떻게 작동하는지를 설명해 준다. 유혹이 마음에 들어오면 죄가 되는 욕망을 깨운다. 우리의 생각은 욕망을 품게 되고 점점 욕망을 키워간다. 드디어 그 욕망이 잉태해서 죄를 낳게 된다. 죄가 장성하면 결국 사망에 이른다. 그러므로 눈의 문 통제권을 취하는 것은 생사

가 걸린 문제다. 그야말로 눈의 문에서 통과시키는 것이 당신을
죽일 수도 있다.

눈의 문에서 통과시키는 것이 당신을 죽일 수도 있다.

작지만 얼마나 위력이 강한 문인가.

비유를 바꿔서, 욕망을 마음속의 산불이라고 가정해 보자. 산불
을 유지하는 것은 세 가지 요소다. 눈(시력), 귀(청력), 손(촉각)이다.
산불을 통제하기 위해 당신은 세 가지 요소와 맞서 싸워야 한다.
예를 들어 당신이 선정적인 이미지를 보고 있지는 않지만 선정적
인 음악을 듣고 있다면 이 산불은 꺼지지 않는다. 세 가지 요소인
시력, 청력, 촉각을 전부 다루어야 한다. 먼저 눈에서 시작하라. 당
신이 눈의 문을 굳게 닫은 후에 시작하면 다른 영역에서의 승리
는 보다 빠르게 취할 수 있다.

눈의 문을 어떻게 닫을 수 있는가? 눈의 언약을 맺음으로 가능
하다.

눈의 언약은 유혹을 완전히 제거하거나 묵살하지는 않는다. 이
언약은 단지 유혹이 우리 삶에 못 들어오게 할 뿐이다. 유혹적인
곳을 쳐다보기를 극구 거부하기 때문에 자극적인 이미지가 우리
생각 속에 들어오는 것을 막는다. 눈의 문이 닫혀 있을 때 우리는

유혹을 극복할 수 있는 안전지대로 올라가게 된다. 우리는 높은 성벽에 서서 아래에 있는 원수의 모든 공격을 막아내며 생각과 마음을 순결하게 지킬 수 있는 우세한 곳에서 싸움을 할 수 있다.

만일 성(性)의 영역에서 온전한 승리를 누리고 있다면, 이 책은 당신에게 필요하지 않다. 순결한 삶을 위해 최선을 다하지만 유혹 앞에 간혹 흔들리는 순간이 있다면 당신에게 큰 도움이 될 것이다. 당신 마음의 문에 생긴 약간의 틈으로 여러 종류의 유혹과 타협에 노출되어 있다면, 눈의 언약은 그 틈을 메우고 문을 굳게 닫을 수 있는 능력을 갖게 할 것이다.


## 이것은 좁은 문이다

눈의 언약을 맺는 것은 쉽지 않다. 당신은 여러 감정과 맞서게 될 것이다. 가령 "하나님과 이런 언약을 맺기가 두렵습니다. 실패하면 어떻게 합니까?" "나는 과연 눈요기 하는 것을 포기할 준비가 되었을까?" 등등이다. 이것은 마치 육신을 달래고 정욕을 키운 쾌락과 이별하는 것과 같다.

이 서원은 자기를 부인하는 것이고, 우리의 정욕을 십자가에 못 박아 죽이는 것이다. 육신을 땅에 묻음으로 상실감을 느낄 것이다.

"정말 대수롭지 않게 보던 것들을 다시는 보면 안 되는 거야?"

우리 주님은 분명히 안 된다고 말씀하셨다.

"그러므로 땅에 있는 지체를 죽이라 곧 음란과 부정과 사욕과 악한 정욕과 탐심이니 탐심은 우상 숭배니라"(골 3:5).

지체들은 죽는 것을 원치 않는다. 그래서 작은 숨구멍이라도 찾으려고 애쓴다. 예수님께 순종하기 위해 당신은 그 지체들의 숨통을 끊어야 한다. 성적인 죄와 관련해서 땅에 있는 지체를 죽이는 데 가장 실질적인 도움이 되는 방법은 눈의 언약을 맺는 것이다.

예수님께서 말씀하셨다.

"생명으로 인도하는 문은 좁고 길이 협착하여 찾는 자가 적음이라"(마 7:14).

당신의 지체를 죽이는 과정은 좁고 힘들다. 하지만 놀라운 것은 당신이 그렇게 했을 때, 성령의 도우심으로 순종할 수 있고 죄의 굴레에서 자유를 얻는 기쁨을 누리게 된다는 것이다. '좁고 협착한'(마 7:14) 것이 '쉽고 가볍다'(마 11:30)는 은혜에 눈뜨게 되는 순간이 될 것이다.

## 최종 목적지

눈의 문이 통제되고 굳게 닫히면서 우리 혼(soul)에 있는 것들이 정리가 되면, 우리는 이제 성결의 최종 목적지인 마음으로 전진할 수 있다. 성경은 마음이 그 사람의 진정한 모습이며, 전쟁의 핵심이자 궁극적인 전쟁터라고 말한다.

나는 너희에게 이르노니 음욕을 품고 여자를 보는 자마다 마음에 이미 간음하였느니라(마 5:28-29).

만물보다 거짓되고 심히 부패한 것은 마음이라 누가 능히 이를 알리요(렘 17:9).

대저 그 마음의 생각이 어떠하면 그 위인도 그러한즉(잠 23:7).

모든 지킬 만한 것 중에 더욱 네 마음을 지키라 생명의 근원이 이에서 남이니라(잠 4:23).

눈의 언약을 통해 우리는 먼저 눈의 문을 차단할 때 최대의 약점인 생각의 영역을 다루게 된다. 이것은 환상, 상상, 소원과 갈망

등의 영역이다. 우리의 생각이 순결하면 우리의 성(性)은 순결함과 고귀함으로 표현이 될 것이고, 순결하지 않으면 죄가 되는 행동으로 드러날 것이다.

성경은 우리의 생각을 통제할 것을 권면한다.

"모든 생각을 사로잡아 그리스도에게 복종하게 하니"(고후 10:5).

눈의 언약이 당신의 생각을 고쳐주지는 않는다. 다만 새로운 시각적 데이터가 유입되는 것을 막을 뿐이다. 눈의 언약을 맺은 후에도 과거에 있었던 데이터와 생각 패턴들이 마음속에 여전히 도사리고 있을 수 있다. 그래서 언약을 맺어야 한다. 그리고 생각의 영역과 맞붙어 싸워라. 눈의 언약은 이 거대한 마지막 영역과 씨름하는 데 도움을 줄 것이다. 구별된 삶을 살기 위해서 생각을 놓고 벌어지는 전쟁터에 공격적으로 뛰어드는 것은 필수다. 모든 생각을 한 번에 하나씩 그리스도께 복종시켜야 한다. 눈의 언약을 맺고도 마음속에 여러 환상이 펼쳐지도록 한다면 마음의 강물은 맑고 깨끗할 수 없다.

당신의 생각과 언약을 맺지 마라. "나는 앞으로 불건전한 생각을 절대로 하지 않을 것을 맹세합니다"라고 말하지 마라. 이런 서원은 실패할 수밖에 없다. 아마도 불건전한 생각을 절대로 하지 않을 능력 있는 사람은 없을 것이다. 당신의 생각이 아니라 눈과 언약을 맺어야 한다.

눈과 언약을 맺고 생각의 영역에는 결단을 해야 한다. 당신의 생각을 그리스도에게 복종시키겠다는 마음의 결단이 필요하다.

"주님께서 은혜를 베푸시니 나는 모든 생각이 그리스도의 주권 아래 복종할 때까지 불건전한 생각과 전쟁을 치를 것이다."

우리는 그리스도의 마음을 가졌다(고전 2:16). 이는 성령의 능력으로 말미암아 불순한 생각을 다스릴 수 있는 능력이 있다는 것이다. 그리스도 안에 거하면서 마음 가운데 육의 상상들이 제 맘대로 펼쳐지도록 허락하는 것은 변명의 여지가 없다.

전투태세를 갖추어라. 당신의 마음을 놓고 싸워라. 당신의 마음에 불순한 생각이 떠오를 때마다 가차 없이 그 생각을 십자가에 못 박아라. 그리고 경건하고, 옳고, 정결하고, 사랑받을 만하고 덕이 있는 생각으로 마음을 채워라(빌 4:8). 순결한 마음을 위해 마지막 숨을 쉴 때까지 싸울 준비를 하라. 성령님께서 믿음의 선한 싸움(딤전 6:12)을 돕기 위해 기다리시며, 당신의 눈의 언약이 승리할 수 있도록 도와주실 것이다.

## 눈의 언약의 위력

눈의 언약은 성(性)과 관련된 모든 영역에서 놀라운 영향력을 끼친다. 눈의 언약을 맺은 후 이 언약의 파장을 보면 놀랄 것이다. 이 언약은 다른 많은 문제에 개입한다. 몇 가지 예를 살펴보자.

- 텔레비전 방송과 듣는 노래를 결정한다.
- 무엇을 읽을 것인지에 대한 선택을 통제한다.
- 남성과 여성을 쳐다보는 시선을 바꾸어 준다.
- 다른 사람들과 대화할 때의 화법을 바꾸어 준다.
- 컴퓨터 사용에 영향을 끼친다.
- 구입하는 물건에 영향을 끼친다.
- 남들과의 신체적 접촉에 지침을 제시한다.

주님께서 욥의 언약으로 우리를 준비시키실 때 우리에게 얼마나 강력한 도구를 주셨는지 모른다. 이 언약은 핵심을 바로 잡고 눈의 문을 닫아 줄 것이다.

# 눈의 언약을 위한 나눔

탐구

눈과 마음에는 어떤 연결고리가 있고, 눈이 마음을 어떻게 자극하나요? 이 연결고리를 보여 주는 성경 구절을 찾아 보세요?

나눔

눈의 언약이 어그러진 성(性)과 마음을 바라보는 관점에 도움이 되었나요?

기도

눈의 문을 통해 원수가 당신의 성(城) 안으로 들어오는 것을 허락했다고 생각되는 부분이 있나요? 서로를 위해 기도하세요.

전투태세를 갖추어라. 당신의 마음을 놓고 싸워라. 당신의 마음에 불순한 생각이 떠오를 때마다, 가차 없이 그 생각을 십자가에 못 박아라. 그리고 경건하고, 옳고, 정결하고, 사랑받을 만하고 덕이 있는 생각으로 마음을 채워라 (빌 4:8). 순결한 마음을 위해 마지막 숨을 쉴 때까지 싸울 준비를 하라. 성령님께서 믿음의 선한 싸움(딤전 6:12)을 돕기 위해 기다리시며, 당신의 눈의 언약이 승리할 수 있도록 도와주실 것이다.

눈의 언약이 유혹에서 승리하도록
얼마나 효과적으로 돕는지를 안다면
당신은 눈의 언약에
담긴 지혜를 귀하게 여길 것이다.

part 2

# 언약의 가치를
# 깨닫다

# chapter 4

# 이 시대를 위한 무기

우리의 싸우는 무기는 육신에 속한 것이 아니요
오직 어떤 견고한 진도 무너뜨리는
하나님의 능력이라 (고후 10:4).

얼핏 보면 눈의 언약이 지나치게 과하다고 느낄 수 있다. 하지만
이 전쟁의 치열함을 생각하면 눈의 언약은 절대로 과하지 않다.
음부의 권세가 쉴 새 없이 공격해 오는 상황에서 우리가 취할 수
있는 가장 현명하고 합리적인 대응이자 이 시대를 위한 무기다.

우리는 지금 전쟁 중이다. 눈길을 돌리는 곳마다 성적인 이미지
가 우리를 유혹한다. 유혹의 손길은 어디에나 널려 있어서 너무나
쉽게 접할 수 있다. 등교할 때, 출근할 때, 컴퓨터를 사용할 때, 텔
레비전을 시청할 때, 장보러 마트에 갈 때, 심지어 도로에서 운전
할 때도 공격을 받는다. 이 공세를 피할 수 있는 방법이 있을까?

오늘날은 과거와 비교할 수 없을 만큼 유혹과 타협하기 쉽고

자연스럽게 아무도 모르게 일어날 수 있다. 당신 손에 들려 있는 휴대전화로 클릭 한번만 하면 즉시 접속 가능하다. 최신 기기의 발달이 죄의 쓰나미가 되어 젊은 세대들을 하나님의 거룩한 부르심에 이르지 못하도록 덮치고 있다.

타협은 쉽고 자연스럽게 아무도 모르게 일어날 수 있다.

지옥의 권세가 이 세대의 순결을 빼앗아 가고 음란한 삶에 묶어 두기 위해 수단과 방법을 가리지 않고 공격하고 있다. 굳이 참담한 통계를 소개하지 않아도 세상이 점점 악해지고 있으며 정도가 갈수록 심해진다는 것은 익히 알고 있을 것이다. 세상 곳곳에 사상자가 널려 있다.

왜 이 세대인가? 왜 지금인가? 왜 전무후무한 공격을 퍼붓고 있는가?

## 마지막 때의 거대한 전쟁

이는 인류사의 종말과 관련이 있다. 전쟁의 특성을 이해하기 위해 성경의 마지막 책인 요한계시록을 찾아보자.

또 내가 보니 보라 어린 양이 시온 산에 섰고 그와 함께 십사만 사천이 서 있는데 그들의 이마에는 어린 양의 이름과 그 아버지의 이름을 쓴 것이 있더라 … 이 사람들은 여자와 더불어 더럽히지 아니하고 순결한 자라 어린 양이 어디로 인도하든지 따라가는 자며 사람 가운데에서 속량함을 받아 처음 익은 열매로 하나님과 어린 양에게 속한 자들이니 그 입에 거짓말이 없고 흠이 없는 자들이더라 (계 14:1, 4, 5).

이 본문은 예수님께서 재림하시기 바로 직전 인류사의 마지막에 남아 있을 "여자와 더불어 더럽히지 아니하고 순결한" 이스라엘 지파인 14만 4천 명의 무리를 묘사한다(계 7:4-8). 그들의 가장 뛰어난 점은 성적인 구별됨을 향한 철저한 헌신이다. 성적 타락이라는 공세가 정점을 찍을 때 전례 없는 순결함과 그리스도를 향한 헌신으로 살아가는 세대가 있을 것이다.

성적 타락이라는 공세가 정점을 찍을 때
전례 없는 순결함과 그리스도를 향한 헌신으로
살아가는 세대가 있을 것이다.

사탄은 이 땅에서 구별된 순결한 세대가 일어나는 것을 원치 않는다. 그 이유는 다음과 같다.

- 구별된 순결한 세대는 하나님께 드려지는 첫 열매로써 많은 무리 중 첫 번째가 될 것이다. 이들은 많은 무리를 구별된 삶으로 이끌기 위해 기름 부음 받은 자들이다. 그들의 사역의 위력은 순결함에서 비롯된다. 전 세계의 이방인들은 그들의 인도를 따라 주님에 대한 순결을 지킬 것이다.
- 요한계시록 11장 3–13절에 나오는 순결한 자들은 두 증인의 사역으로 격려받고 힘입은 자들로 강한 성령의 권세로 사역할 수 있도록 기름 부음 받고 파송되어 곧 닥쳐올 그리스도의 재림을 준비하게 된다. 이들의 사역으로 흑암 권세는 큰 타격을 입을 것이다.
- 그들의 충성됨이 예수 그리스도의 재림을 재촉시킬 일련의 사건들, 즉 사탄이 천년 동안 무저갱에 결박되는 것과 (계 20:1-3) 마지막에 불못에 던져지는 것(계 20:10)에 기여할 것이다(벧후 3:12).

사탄은 마지막 세대의 영적 권위가 순결에 기반을 둔다는 것을 알기 때문에 이 세대를 성적 타락으로 몰아가기 위해 능력을 총

동원한다. 만일 하나님 백성을 타협의 삶에 묶어두는 데 성공한다면 그리스도의 재림은 잠정적으로 지연될 것이고, 하나님께서 사탄을 위해 계획하신 심판도 지연될 것이다. 전쟁은 이미 시작되었다.

요한계시록 14장에 등장하는 더럽히지 아니하고 순결한 자들에 대한 질문이 있다. 사방에 유혹이 그렇게 많은데 이 무리는 어떻게 자신을 구별하여 순결함을 유지할 수 있었을까? 예수님과 열정적인 사랑에 빠져서 순결을 지킬 수 있었을까? 과거의 세대도 예수님을 열정적으로 사랑했지만 이것만으로는 부족했다. 그렇다면 성적 순결함에 깊이 헌신했기 때문에 자신의 순결을 지킬 수 있었을까? 과거의 세대도 이러한 헌신이 있었지만 이것만으로도 부족했다. 순결을 지키기 위해서는 헌신, 결단과 함께 추가로 요구되는 것이 있는데 바로 언약이다.

죄가 범람하는 시대에 순결을 지킬 수 있는 방법은 오로지 하나다. 눈의 언약을 맺는 것이다. 이것이 유일한 길이다. 자기 부인을 통해 부어지는 은혜만이 그들의 순결을 지켜줄 수 있다. 영적 과감함의 지혜는 곧 드러날 것이고, 그들은 하나님 앞에 서원하고 이 언약을 지키기 위해 뜨겁게 헌신할 것이다.

## 순결이 회복되다

어떤 이는 이런 의문을 가질 수 있다.

"저는 이미 성적인 죄를 지었습니다. 저는 순결한 자로 그리스도의 군대를 섬길 수 있는 자격이 이제 없는 건가요?"

만일 당신이 회개하고 잘못된 길에서 돌아서서 자신을 하나님께 내어 드린다면 그리스도의 군대가 될 수 있다. 그리스도의 보혈은 우리를 정결케 하는 능력이 있다.

"만일 우리가 우리 죄를 자백하면 그는 미쁘시고 의로우사 우리 죄를 사하시며 우리를 모든 불의에서 깨끗하게 하실 것이요"(요일 1:9).

바울 사도는 이렇게 말한다. 우리가 하나님 앞에서 떳떳하지 못한 잘못을 고백하고 회개하면 우리는 "귀히 쓰는 그릇이 되어 거룩하고 주인의 쓰심에 합당하며 모든 선한 일에 준비함이 되리라"(딤후 2:21).

예수님은 죄에 찌든 마음조차도 순결하게 회복하실 수 있다. 그 이유는 바로 이것이다.

시편 45편 14절은 그리스도의 신부가 혼인 날에 왕 되신 예수님께 나오는 장면을 묘사한다.

"수놓은 옷을 입은 그는 왕께로 인도함을 받으며."

예수님은 죄에 찌든 마음조차도 순결하게 회복하실 수 있다.

구약시대에 처녀들은 순결의 상징으로 여러 가지 색으로 수놓은 옷을 입었다(삼하 13:18-19). 신부가 왕께 나올 때 입는 '채색 옷'은 그녀가 처녀임을 의미한다. 다른 말로 표현하면, 그리스도의 신부가 어린 양의 혼인 잔치에 영적 음란함이라는 오랜 과거를 지닌 더럽혀진 모습으로 예수님 앞에 서지 않을 것이라는 말이다. 오히려 왕 되신 예수님께 "티나 주름 잡힌 것이나 이런 것들이 없이 거룩하고 흠이 없는" 순결한 처녀로 서게 될 것이다(엡 5:27). 그렇다면 세상의 것을 음란하게 좇았던 우리들이 그날에 그리스도 앞에 더럽히지 아니한 순결한 자로 어떻게 설 수 있을까? 그 해답은 갈보리에서 흘리신 보혈의 능력이다.

회개하라. 예수님의 보혈이 당신의 순결을 회복시키실 것이다. 눈의 언약을 맺어라. 그리고 요한계시록 14장에 등장하는 더럽히지 아니한 순결한 자의 세대를 일으키는데 동참하라. 하나님은 이전 세대보다 구별되고 더 많은 일을 행할 마지막 세대를 일으킬 계획을 가지고 계신다. 당신은 이 세대의 영적인 아버지와 어머니가 될 수 있다. 이 세대에게 눈의 언약을 맺으라고 도전할 유일한 방법은 당신이 먼저 이 언약을 맺는 것이다.

이 세대에게 눈의 언약을 맺으라고 도전할 유일한 방법은
당신이 먼저 이 언약을 맺는 것이다.

## 네 원수를 알라

이 어마어마한 전쟁에서 진정한 원수가 누구인지 정확하게 파악하는 것이 중요하다. 그리스도인의 제일 큰 원수는 무엇이라고 생각하는가, 사탄인가, 세상인가, 아니면 우리의 육체인가? 제일 큰 원수는 바로 죄다. 죄는 우리를 죽일 수 있는 능력이 있기 때문에 우리의 주된 원수다.

당신의 궁극적인 원수는 죽음이지만 사망에 이르게 하는 죄가 최우선적 원수다. 아래의 말씀에서도 확인할 수 있다.

그러므로 한 사람으로 말미암아 죄가 세상에 들어오고 죄로 말미암아 사망이 들어왔나니 이와 같이 모든 사람이 죄를 지었으므로 사망이 모든 사람에게 이르렀느니라(롬 5:12).

죄의 삯은 사망이요(롬 6:23).

죄가 장성한즉 사망을 낳느니라(약 1:15).

이것을 명심하라. 당신의 가장 큰 원수는 죄다. 죄는 하나님과의 관계를 죽이고 당신의 영원한 부르심을 죽일 수 있다.

사탄은 죄의 능력을 잘 알고 있다. 그래서 당신을 유혹한다. 사탄의 주된 전략은 쇠스랑으로 당신을 찌르는 것이 아니라, 죄를 짓도록 유도하고 유혹하는 것이다. 당신이 죄를 지을 때 사탄은 기뻐할 것이다. 사탄은 죄 자체만으로도 당신을 파멸로 이끌 수 있음을 너무 잘 알고 있다. 또한 죄가 당신을 하나님의 심판 아래 두게 될 것을 알고 있다(엡 5:5-6). 사탄은 당신이 하나님께 맞서 반역하며 싸우길 원한다.

당신의 원수를 알라. 당신이 대항할 최고의 원수는 사탄이 아니라 죄다. 죄는 음부의 권세가 모두 합쳐진 것보다 더 많은 피해를 입힌다. 사탄은 당신을 속이지만 죄는 당신을 죽인다.

죄에 맞서 선전포고하라. 죄의 유혹을 극복하고 승리에 필요한 모든 행동을 취하라. 이용 가능한 모든 무기를 활용하라. 우리가 활용할 수 있는 무기는 회개, 죄의 자백, 보혈의 씻김, 기도, 하나님 말씀의 진리, 기도 파트너와의 동행, 성령님의 능력, 자기 부인 등이다.

사탄은 당신을 속이지만 죄는 당신을 죽인다.

하지만 이런 강력한 무기들이 보유된 무기고에 눈의 언약을 추가하라. 눈의 언약은 죄를 극복하는 데 당신이 활용할 수 있는 가장 과격하고 공격적인 수단이다.

## 공격적인 시대에는 공격적인 조치가 필요하다

오늘날 순결을 지키기 위한 전쟁은 전례가 없을 만큼 치열하지만 이 전쟁이 절대로 새로운 것은 아니다. 이 전쟁은 태초부터 있었다. 사사시대로 올라가면, 이스라엘 지파들은 성적 순결을 지키기 위해 실제로 전쟁을 일으켰다. 베냐민 지파가 동성애와 집단 강간을 범한 친족들의 입장을 옹호하면서 11개 지파에 반대하는 입장을 취했다. 이것은 하나님께서 승인하신 전쟁으로 이어져서 베냐민 지파의 씨가 말라 버릴 상황이 되었다(사사기 19~20장 참조). 순결을 위한 전쟁은 오래전부터 있었다. 오늘날에 새로운 것은 이 전쟁의 치열함이다.

이 전쟁이 갈수록 치열해지는 것에 대해 놀랄 이유는 없다. 성경은 오늘날 일어날 음란함의 공세에 대해 예고한다(계 9:20-21, 딤후

3:1-4, 벧후 3:3, 유 1:17-18). 우리는 적절한 자세로 이에 맞서야 한다. 높은 수준의 공격은 높은 수준의 대응을 요구하기 때문이다.

우리는 어제의 무기로 오늘의 공격을 막아낼 수 없다. 이전 세대에게 도움이 되었던 것들이 오늘날에는 역부족일 것이다. 전쟁의 규칙이 바뀌었다. 기술이 현대 전쟁의 모습을 바꿔놓은 것처럼 (수류탄으로 무인 비행기와 싸울 수 없다) 오늘날 벌어지고 있는 성(性) 전쟁의 특성에 따른 새로운 전략으로 맞설 필요가 있다.

이전 세대에게 적절했던 조언은 오늘날의 최첨단 기술로 하는 전쟁에서 힘을 발휘하지 못하는 무의미하고 무력한 것으로 전락했다. 어떤 자료에서 발췌한 이전 세대의 조언들을 살펴보자.


- 당신의 시선이 닿는 곳에 여자가 지나가는 것을 막을 수는 없지만, 눈길이 두 번 가는 것은 막을 수 있다.
- 응시하는 것을 멈추어라. 그러면 유혹은 빨리 지나갈 것이다.
- 자극적인 옷차림을 즐기는 여성들이 있다는 사실을 수용하고 익숙해져라.
- 유혹을 극복하는 것은 당신에게 달려 있다.

이런 종류의 조언과 팁은 오늘날 불같은 유혹의 소용돌이에 휘말려 있는 사람들을 보호할 수 없다. 이것은 마치 산불을 물총으로 진화하려는 것과 같다. 우리는 목숨이 걸린 싸움을 치르고 있다. 목회자들이 넘어지고 젊은 세대는 흑암 권세의 노예가 되고 있다. 우리는 어마어마한 세력간의 충돌 속에 들어와 있다. 우리에게는 날 선 예리함과 실질적인 해결책이 필요하다.

우리에게는 날 선 예리함과 실질적인 해결책이 필요하다.

영적 전쟁에서는 급소를 찌르는 공격적인 전략이 필요하다. 영적 전쟁이라고 말하는 것은 예수님께서 말씀하신 것을 염두에 둔 것이다.

"세례 요한의 때부터 지금까지 천국은 침노를 당하나니 침노하는 자는 빼앗느니라"(마 11:12).

우리가 갖추어야 할 영적 무기는 무엇인가? 바로 눈의 언약이다. 죄의 치명적인 위력을 안다면 눈의 언약과 이에 담긴 탁월한 지혜의 필요를 강하게 느낄 것이다. 눈의 언약은 순종할 수 있도록 도와주는 도구로 당신의 생명을 보호할 것이다.

# 눈의 언약을 위한 나눔

탐구

오늘 우리가 치르는 전쟁을 가장 잘 묘사하는 말씀을 요한계시록에서 찾아 열거해 보세요.

나눔

근래에 성적 순결을 위한 전쟁이 증가하고 있다는 것을 느낀 적이 있나요? 눈의 언약이 치열한 전쟁을 위해 하나님께서 주신 해답 중 하나라고 생각하나요?

기도

마태복음 11장 12절을 붙잡고 소그룹 구성원 모두가 이 시대의 그리스도의 강한 용사로 세워지도록 성령님의 도움을 구하며 기도하세요.

# chapter 5

# 단 하나의 포괄적인 서원

음행을 피하라 (고전 6:18).

눈의 언약이 현명하고 강력한 이유는 이 언약을 충실히 지킬 때 모든 종류의 성적인 죄에서 마음을 보호할 수 있기 때문이다. 대부분의 성적 유혹은 눈의 문을 먼저 두드린다. 하지만 우리가 이런 것에 눈길을 주지 않겠다고 서원하면 대부분의 성적인 죄는 잉태되기도 전에 막을 수 있다. 야구에 비유하면 죄가 1루에 진입조차 못하는 것이다.

우리는 일부 기독교 지도자들이 세상 문화의 가치관에 물들어 하나님께서 죄로 여기시는 것들을 재정립하는 시대에 살고 있기 때문에 성적인 죄가 무엇인지 명확하게 정의할 필요가 있다.

## 죄가 되는 성행위는 무엇인가?

하나님 말씀에 기록된 것처럼 성적인 죄는 부부로 맺어진 결혼 언약 밖에서 벌어지는 모든 성적 행위를 뜻한다('부부로 맺어진 결혼' 은 한 남자와 한 여자 사이에 맺어진 결혼이다[4]).

"모든 사람은 결혼을 귀히 여기고 침소를 더럽히지 않게 하라 음행하는 자들과 간음하는 자들을 하나님이 심판하시리라"(히 13:4).

한 남자와 한 여자가 연합하는 결혼을 창조하신 하나님께서는 '동성 결혼'을 기뻐하거나 인정하시지 않는다. 예수님께서 말씀하신 것처럼 "그런즉 이제 둘이 아니요 한 몸이니 그러므로 하나님이 짝지어 주신 것을 사람이 나누지 못할지니라"(마 19:6). 하나님께서는 동성 커플을 맺어주지 않으신다.

하나님께서 악하다고 말씀하신 행위가 몇몇 성경 본문에 열거되어 있다(레 18:6-30, 20:10-21, 엡 5:3, 롬 1:26-32, 마 15:18-19, 고전 6:9-10). 지면 관계상 두 개의 본문만 소개하겠다.

---

4. 성경은 하나님께서 족장시대에 일부다처제를 허락하신 이유를 설명하지 않지만 이것은 분명히 하나님의 긍휼함으로 허락하신 것이다. 시간이 흐를수록 하나님께서는 남자가 한 명의 아내를 두길 원하시는 그분의 뜻을 점차적으로 나타내셨다(엡 5:31-33, 딤전 3:2, 12 참조).

육체의 일은 분명하니 곧 음행과 더러운 것과 호색과 우상 숭배와 주술과 원수 맺는 것과 분쟁과 시기와 분냄과 당 짓는 것과 분열함과 이단과 투기와 술 취함과 방탕함과 또 그와 같은 것들이라 전에 너희에게 경계한 것 같이 경계하노니 이런 일을 하는 자들은 하나님의 나라를 유업으로 받지 못할 것이요(갈 5:19-21).

이 때문에 하나님께서 그들을 부끄러운 욕심에 내버려 두셨으니 곧 그들의 여자들도 순리대로 쓸 것을 바꾸어 역리로 쓰며 그와 같이 남자들도 순리대로 여자 쓰기를 버리고 서로 향하여 음욕이 불 일듯 하매 남자가 남자와 더불어 부끄러운 일을 행하여 그들의 그릇됨에 상당한 보응을 그들 자신이 받았느니라(롬 1:26-27).

음행은 흔히 미혼인 사람들 사이에서 벌어지는 성행위를 가리킨다. 성경은 죄가 되는 모든 성행위를 종종 '음행'이라는 보편적인 단어를 사용한다. 신실한 성도의 소원은 주님께서 미워하시는 모든 죄를 멀리하는 것이다.

## 서원은 당신을 간음과 음행에서 지켜낸다

성적인 죄는 부부로 맺어진 결혼 언약 밖에서
벌어지는 모든 성적 행위를 뜻한다.

당신이 눈의 언약을 지킨다면 당신은 절대로 간음과 음행을 범하지 않을 것이다. 왜냐하면 이 죄는 눈과 관련이 있기 때문이다. 음행은 다른 사람을 성적인 시선으로 바라보게 한다. 만일 당신이 다른 사람을 이런 시선으로 바라보지 않겠다는 서원을 지킨다면, 당신은 상대방에게 추파를 던지거나 신체적 접촉을 시도하지 않을 것이다. 눈의 언약이 그런 것을 허락하지 않기 때문이다. 당신의 서원은 오직 배우자와 관계 맺는 것만을 허락한다.

성경은 요셉이 자신의 눈과 언약을 맺었는지에 대해 언급하지는 않는다. 하지만 보디발의 아내가 유혹할 때 그녀와 함께 있던 자리를 박차고 나왔다고 기록한다(창 39:7-12). 당신이 눈의 언약을 맺었는데 당신을 유혹하는 사람이 있다면, 취할 수 있는 유일한 행동은 도망치는 것이다. 눈길이 한 번 더 갈 수 있는 상황에 계속 주저앉아 있으면 안 된다.

성경은 다윗이 눈의 언약을 맺었는지에 대해 언급하지 않는다.

만일 언약을 맺었다면, 밧세바를 지켜보는 것으로 자신의 언약을
깨는 행동을 한 것이다. 만일 다윗이 눈의 언약을 맺었고 그것을
지켰다면, 밧세바가 목욕하는 광경을 처음 목격했을 때 눈을 돌렸
을 것이다. 하지만 그는 안목의 정욕대로 했으며 이것은 곧 음행
으로 이어졌다.

눈의 언약을 지킨다면 음행은 절대로 일어날 수 없다. 이것은
동성애, 난교, 수간, 강간, 근친상간, 성추행, 성매매와 같은 다른
성적인 죄에도 동일하게 적용된다. 만일 이런 죄 가운데 있는 어
떤 사람에게 눈길을 주지 않기로 하나님 앞에서 서원하면 당신은
하나님 앞에서 순결함을 지킬 수 있다.

눈의 언약이 어떻게 오늘날 흔한 두 가지 죄, 포르노와 자위행
위에서 당신을 보호하는지 보여 주겠다.

## 서원은 당신을 음란물에서 지켜낸다

눈의 언약을 맺을 때 당신은 남자든 여자든, 실제 인물이든 어떤
이미지든 절대로 야릇한 시선으로 쳐다보지 않겠다고 하나님과
약속한다. 눈의 언약을 지키면서 포르노나 자극적인 이미지를 보
는 것은 불가능하다.

눈의 언약을 지키면 음행은 절대로 일어날 수 없다.

어떤 사람들은 성경에 포르노에 대한 구체적인 언급이 없기 때문에 괜찮다고 생각한다. 성경에 언급되지 않은 것은 사실이지만 성경은 이것과 관련된 원칙을 제시한다. 포르노그래피(pornography)의 어원인 헬라어 포르네이아(porneia)는 신약성경에 나온다. 이 단어는 음행을 뜻하는 헬라어다. 불건전한 성관계로 정의되는 포르네이아(Porneia)에는 음행도 포함된다(마 5:32, 19:9)[5]. 포르네이아(porneia)라는 단어에 죄가 되는 모든 성적 행위를 포괄적으로 담기 때문에 포르노물을 보는 것도 성적인 죄가 된다.

당신이 음란물을 시청한다면 등장하는 남자와 여자에게 미혹당할 것이다. 예수님은 누군가에게 정욕을 품는 것은 마음으로 간음하는 것이라고 말씀하셨다. 이 말씀에는 포르노물을 보는 것도 분명히 포함된다.

또 간음하지 말라 하였다는 것을 너희가 들었으나 나는 너희에게 이르노니 음욕을 품고 여자를 보는 자마다 마음에 이미 간음하였느니라 만일 네 오른 눈이 너로 실족하게 하거든 빼어 내버리라 네

---

5. Vine's Expository Dictionary of New Testament Words, p. 455.

백체 중 하나가 없어지고 온 몸이 지옥에 던져지지 않는 것이 유익
하며(마 5:27-29).

예수님은 마음에 정욕을 낳는 모든 것은 죄를 낳는 것이라고 분
명하게 가르치셨다. 그렇기 때문에 질문의 여지없이 포르노는 죄
다. 육체적 간음은 아니지만 예수님께서 말씀하신 것처럼 마음의
간음이다.

포르노물을 보는 것은 마음의 간음이다.

예수님께서 오른 눈을 빼어 내버리라고 하신 것도 우리 마음과
삶에서 죄를 제거하는 것에 얼마나 공격적으로 임해야 하는지를
보여 주신 것이다. 여자나 남자를 야릇하게 쳐다보는 것을(이것이
포르노의 본질이다) 극복하는 데 눈을 뽑는 것이 도움이 된다면, 지옥
에서 영원히 고통받는 것보다 몇 년 동안 눈 없이 사는 쪽이 낫다
는 뜻이다.

어떤 부부들은 침실에서 포르노를 보는 것이 결혼 언약 범주 내
에서 일어나는 일이기 때문에 괜찮다고 생각한다. 당신의 성 파트
너가 배우자라서 침소가 더럽혀지지 아니할지라도(히 13:4) 당신의
마음이 간음하고 있기 때문에 당신의 영은 어두워지고 더럽혀

진다.

포르노는 성도의 삶에 존재할 자격이 절대적으로 없다. 그것이 이성 간의 성행위, 동성애, 소아성애, 수간, 또는 다른 형태의 성행위이든 상관없다. 포르노는 그 어떤 형태로든 죄다.

특히 동성애에 흔들리고 있는 사람들에게 포르노는 일 순위의 원수다. 그래서 눈의 언약은 천국에서 내려온 엄청난 선물이다. 우리 눈으로 절대로 포르노를 시청하지 않겠다고 서원할 때, 우리를 유혹하는 이미지가 눈의 문을 통해 마음에 진입하는 것을 막을 수 있기 때문이다. 유혹이 우리 삶 가운데 들어오지 못하게 막는다면 우리는 거룩함과 순결함을 추구하는 것에 모든 관심을 쏟을 수 있다. 눈의 언약은 포르노를 극복하기 위한 절대적으로 필요한 탁월한 무기다.


## 서원으로 자위행위의 유혹을 물리쳐라

눈의 언약은 자위행위의 유혹을 이겨내는 싸움에 큰 도움이 된다. 어떻게 그런지 설명하기에 앞서서 자위행위를 왜 거부하고 이겨내야만 하는지에 대해 아는 것이 중요하다.

자위행위가 왜 죄인지 설명하는 이유는, 많은 그리스도인 지도

자들이 이 문제로 씨름하는 사람들을 도우려는 차원에서 자위행위를 하나님께서 보시기에 합당하다고 왜곡하기 때문이다. 나도이 문제로 씨름하는 사람들을 보면 안타까운 마음이 든다. 그래서이 문제를 조심스럽고 부드럽게 다루려고 노력한다. 하지만 하나님 말씀을 왜곡하지 않고 신실하게 전달하는 것이 더 중요하다고생각한다.

성욕 해소의 수단으로 활용되는 자위행위는 정욕을 동반하기때문에 잘못된 것이다. 핵심은 자위행위에 정욕이 기본으로 깔려있기 때문에 문제다. '솔로 섹스'라고도 불리는 자위행위는 남자나 여자에 대한 정욕을 수반하기 때문에 마음으로 간음하는 것이다. 예수님께서 이것에 대해 언급하신 말씀을 다시 볼 필요가 있다.

또 간음하지 말라 하였다는 것을 너희가 들었으나 나는 너희에게이르노니 음욕을 품고 여자를 보는 자마다 마음에 이미 간음하였느니라 만일 네 오른 눈이 너로 실족하게 하거든 빼어 내버리라 네백체 중 하나가 없어지고 온 몸이 지옥에 던져지지 않는 것이 유익하며 또한 만일 네 오른손이 너로 실족하게 하거든 찍어 내버리라네 백제 중 하나가 없어지고 온 몸이 지옥에 던져지지 않는 것이유익하니라(마 5:27-30).

예수님께서 마음의 간음에 대해 말씀하실 때, 오른 눈과 오른손을 언급하신 것에 주목하라. 포르노와 자위행위를 언급하지 않으셨지만 최소한 남성들과 관련된 마음의 문제를 다루셨다. 남자들에게 '오른 눈'으로 보는 포르노는 '오른손'으로 하는 자위행위와 나란히 이루어지며 마음으로 간음하게 한다.

오른손을 찍어 내버리는 것이 마음의 간음(자위행위는 간음을 야기하는 것 중 하나다)을 멈출 수 있는 방법이라면, 예수님께서는 영원히 지옥에서 고통받는 것보다 손이 없는 채로 사는 것이 낫다고 말씀하신다.

예수님께서 이 말씀을 하실 때 '만일'이라고 하신 것은 우리가 신체 일부분을 없애 버리는 것을 원하시지 않는다는 것이다. 오른 눈을 없애는 것이 왼눈으로 자극적인 이미지를 보고 싶어 하는 욕망을 제거하지 못한다는 것은 모두가 아는 사실이다. 마찬가지로 오른손을 자른다고 해서 다른 손으로 자위행위를 하고자 하는 욕망이 없어지지는 않는다. 눈이 보길 원하거나 손이 자위행위를 하길 원하느냐는 근본적인 문제가 아니다. 이 문제의 뿌리는 마음에 있다. 예수님께서 제거하라고 하신 것은 마음의 죄를 공격적으로 다루는 것이다. 눈의 언약은 이와 같이 죄를 강력하게 물리칠 수 있는 방법이다.

마음의 죄를 공격적으로 다루라.

예수님께서 말씀하신 것 외에 자위행위에 대한 하나님의 마음을 분별할 수 있는 세 개의 성경 본문을 소개하겠다.

음행과 온갖 더러운 것과 탐욕은 너희 중에서 그 이름조차도 부르지 말라 이는 성도에게 마땅한 바니라(엡 5:3).

"온갖 더러운 것", 바울은 이것을 성적인 죄의 한 범주로 간주했다. 온갖 더러운 것은 영·혼·육을 더럽히는 모든 성적인 죄를 가리킨다. 자위행위를 구체적으로 언급하지 않은 대신 바울은 그것보다 더 포괄적인 범주를 제시한다. 자위행위는 '더러운 것'의 범주에 포함되는 '더럽히는' 죄다. 이것이 우리를 더럽히는 이유는 정욕을 수반하기 때문이다. 온갖 더러운 것을 멀리하겠다고 결심한 사람들은 자위행위를 멀리할 것이다. 더 나아가서 바울은 이렇게 말한다.

또한 너는 청년의 정욕을 피하고 주를 깨끗한 마음으로 부르는 자들과 함께 의와 믿음과 사랑과 화평을 따르라(딤후 2:22).

바울이 말하는 '청년의 정욕'은 무엇인가? 청소년들이 신체의 변화를 느끼고 성적 호기심이 생기는 정욕에 대해 말하는 것이다. 자아 발견의 과정에는 흔히 죄가 되는 여러 가지 시도가 포함된다. 자위행위는 이와 같은 '청년의 정욕' 중 하나다. 자위행위를 왜 청년의 정욕이라고 말하는가? 두 가지 이유가 있다. 첫째, 자위행위는 흔히 성에 대해 알아가는 청소년기에 시작된다. 둘째, 자위행위는 결혼해서 배우자와 성관계를 맺을 수 있는 연령대보다 미혼인 사람들에게 더 큰 유혹으로 다가온다. 청년의 정욕에 대해 경고할 때 바울은 단지 자위행위만 논한 것이 아니다. 자위행위를 청년의 정욕이라는 포괄적인 범주에 포함시킨 것이다. 만일 이 해석에 동의한다면, 이 말씀을 자위행위를 피하라는 뜻으로 받아드릴 수 있다.

이 주제와 관련한 세 번째 말씀을 소개하겠다.

아내는 자기 몸을 주장하지 못하고 오직 그 남편이 하며 남편도 그와 같이 자기 몸을 주장하지 못하고 오직 그 아내가 하나니(고전 7:4).

바울이 말하는 의미 중 하나는 아내가 자신의 오르가즘을 주장할 권리가 없으며 이것은 오직 남편에게 속했다는 것이다. 마찬가지로 남편은 자신의 오르가즘을 주장할 권리가 없으며 이것은 오직 아내에게 속했다는 것이다. 당신의 오르가즘은 오직 당신의 배우자가 소유한 권리다. 자기 자신에게 성적 쾌감을 줄 권리가 없다는 것이다. 그렇게 하지 않는다면 당신은 배우자의 권한을 월권하는 것이고 이 말씀을 어기게 되는 것이다. 당신이 이 말씀에 순종하면 하나님께서 계획하신 부부의 친밀감을 절대로 포르노와 자위행위로 대신하지 않을 것이다.

이 말씀은 미혼들에게도 적용된다. 만일 당신이 미혼이라면 스스로에게 오르가즘을 선사할 권한이 없다. 오직 당신 미래의 배우자만이 그 권리를 갖고 있다.

이 말씀에 근거해서 보면 자위행위는 성도의 삶에 있을 수 없다. 위에 언급한 말씀에 전적으로 순종하는 사람은 자위행위를 하면 안 된다는 결론을 내릴 것이다.

> 당신은 자기 자신에게 성적 쾌감을 줄 권리가 없다.

종종 미혼 그리스도인들은 성적 욕구와 갈망을 해소하기 위해 성적인 흥분을 야기하는 상상을 하지 않고 그저 자위행위만 해도 되는지 묻는다. 하지만 이것은 너무 비현실적이며 실현 가능한 대안인지 의심스럽다. 성의 영역에서도 주님의 거룩함을 이루길 원하는 미혼 그리스도인이 정욕적인 생각을 극복하고 승리의 삶을 누리기 위한 최선의 방법은 그 어떤 성적 행위도 하지 않는 것이다. 자위행위가 일시적인 성적 욕구의 해소 방법처럼 보일 수 있지만, 성욕이나 성에 대한 생각을 더 활성화시키기 때문에 구별된 삶을 살아가려는 미혼 그리스도인의 노력에 방해가 된다.

자위행위는 물리치고 극복해야 하는 것이라는 데 동의한다면, 당신에게 좋은 소식이 있다. 눈의 언약은 이 전쟁에 도움이 될 가장 강력한 도구다.

하나님께서는 그분의 지혜로 우리에게 눈의 언약을 주셨다. 우리가 진심으로 서원하고 지킨다면 성적 판타지나 에로틱한 것에 눈길을 주지 않을 것이다. 전혀 예상치 못한 상황에서 외설스러운 장면을 볼지라도 그 즉시 서원을 지키고 눈길을 돌릴 것이다. 눈의 언약은 자위행위와 정욕을 야기하는 이미지들이 생각 속에 자리 잡는 것을 막아준다.

우리 생각에 유입되던 자극적인 이미지의 흐름이 멈추면 온갖 상상과 환상에 불을 지피던 연료가 끊어지게 된다. 그리고 지금껏 생각 속에 쌓아두었던 이미지들을 성령의 능력으로 제거하는 싸움을 시작하게 된다. 주님은 온갖 환상과 모든 생각을 사로잡아 그리스도께 복종하게 하는(고후 10:5) 거룩함에 이르는 은혜를 베푸신다. 우리를 압박하던 자위행위의 충동은 잠잠해질 것이다.

정욕적인 생각이 그리스도의 생각으로 제압되고 대체되었을 때 우리를 사로잡고 있던 자위행위는 힘을 잃게 된다. 우리가 성령의 능력과 열매로 채워질 때(갈 5:23), 절제는 산 정상으로 올라가 승리하게 한다.

그리스도의 제자로써 성적인 죄를 강력하게 처분하길 원한다면 눈의 언약의 강력함은 당신에게 꼭 필요한 최고의 해결책이 될 것이다. 이 서원은 극단적이며 과격하고 공격적이다. 그러므로 눈의 언약은 모든 성적인 죄를 극복할 수 있도록 우리를 그리스도의 능력과 은혜로 준비시켜줄 것이다.

# 눈의 언약을 위한 나눔

탐구

우리를 성적 순결함으로 부르는 성경 구절 중 가장 강력한 말씀은 무엇인가요?

나눔

당신은 포르노와 자위행위가 죄라는 것에 동의하나요? 그 이유는 무엇이며 이 문제를 어떻게 극복했는지에 대해 서로 얘기해 보세요.

기도

만일 소그룹에서 나누기에 적절하다면, 고백하고 싶은 특정 죄는 무엇인가요? 야고보서 5장 17절에 따라서 서로를 위해 기도하세요.

# chapter 6

# 큰 죄과에서 벗어나다

그러므로 나를 네게 넘겨 준 자의 죄는 더 크다 하시니라 (요 19:11).

눈의 언약이 우리를 지혜롭고 구별되게 하는 또 다른 이유는, 당
신이 큰 죄과에 들어서는 것을 막을 수 있기 때문이다. 죄의 진행
과정은 아래의 말씀에 암시되어 있다.

자기 허물을 능히 깨달을 자 누구리요 나를 숨은 허물에서 벗어나
게 하소서 또 주의 종에게 고의로 죄를 짓지 말게 하사 그 죄가 나
를 주장하지 못하게 하소서 그리하면 내가 정직하여 큰 죄과에서
벗어나겠나이다(시 19:12-13).

이 말씀에서 드러난 것처럼 "허물 … 숨은 허물 … 고의적 죄 …

큰 죄과.” 죄의 진행은 아주 작은 허물에서 시작된다. 작은 허물을 고백하지 않고 자라도록 방치하면 숨은 허물에 이르게 된다. 숨은 허물은 고의적인 죄를 낳고, 고의적인 죄는 결국 큰 죄과에 이른다. 큰 죄과는 큰 심판을 초래할 것이다.

죄는 증가한다. 성적인 죄가 증가하지 않고 제자리걸음하는 경우는 드물다. 보통 이 죄는 어둡고 추악한 단계로 접어들면서 진전된다.

에베소서 4장 22절에서 “유혹의 욕심(‘유혹의 욕심’ 중 욕심은 헬라어로 apatēs, 속임수를 뜻한다. 골로새서 2장 8절의 ‘헛된 속임수’에서 같은 단어가 사용된다 - 옮긴이)을 따라 썩어져 가는 구습을 따르는 옛 사람”을 가리키면서 죄가 증가하는 것을 암시한다. 유혹은 갈수록 악하게 썩어져 가는 특성이 있기 때문에 속임수다. 처음에는 작고 사소하게 시작된 것이 습관적인 죄로 자라서 우리를 죄의 종으로 구속해 버린다(요 8:34). 죄의 사슬은 당신이 파멸에 이르기까지 육과 혼을 꽁꽁 묶어 놓을 것이다.

눈의 언약을 맺고 점진적으로 커져가는 죄의 본성을 결박해야 한다. 눈의 언약을 맺고 이것을 능히 지키게 하는 예수님의 은혜에 붙들려 있다면 습관적인 성적 죄의 결박은 당신의 삶에서 끊어질 것이다.

교회 안의 위험한 거짓말 중 하나는 어떤 죄가 다른 죄보다 더 나쁘지 않다는 그릇된 생각이다. 이 거짓말의 목적은 깊은 어둠 속에 묶여 있는 자들이 그들의 죄를 경히 여기게 하는 자기합리화다. 사탄은 우리의 죄가 얼마나 심각하고 파괴적인지에 대해 아는 것을 원치 않는다.

눈의 언약은 습관적인 죄의 저주에 치명타를 가할 수 있다.

예수님은 어느 한 죄보다 더 큰 죄가 있다고 말씀하셨다(요 19:11). 성경은 더 큰 죄가 더 큰 심판을 부른다고 말한다(신 17:8, 마 26:24, 히 10:29, 왕하 23:26, 24:3). 만일 모든 죄의 무게가 동등하다면 죄에 따라서 다른 수준의 심판을 내리는 것은 불공평할 것이다.

눈의 언약은 큰 죄과의 심판에서 당신을 구해 낼 것이다.

## 다른 사람과 범하는 성적인 죄

어떤 성적인 죄는 다른 사람까지 끌어들인다. 혼자서 죄를 짓는 것도 나쁘지만 누군가와 함께 짓는다면 당신은 큰 죄과의 심판을 받을 것이다. 눈의 언약은 다른 사람을 연루시키는 성적인 죄에서 당신을 보호해서 이런 심판을 피할 수 있게 한다. 몇 가지 사례를 살펴보자.

눈의 언약은 우리를 음행에서 보호해 준다. 음행은 다른 사람과 함께 짓는 죄다. 또한 당신을 간음에서 보호해 준다. 간음은 연루된 상대방과 각각의 배우자를 상대로 짓는 죄다. 바울은 간음에 대한 하나님의 심판에 대해 경고한다.

하나님의 뜻은 이것이니 너희의 거룩함이라 곧 음란을 버리고 각각 거룩함과 존귀함으로 자기의 아내 대할 줄을 알고 하나님을 모르는 이방인과 같이 색욕을 따르지 말고 이 일에 분수를 넘어서 형제를 해하지 말라 이는 우리가 너희에게 미리 말하고 증언한 것과 같이 이 모든 일에 주께서 신원하여 주심이라 하나님이 우리를 부르심은 부정하게 하심이 아니요 거룩하게 하심이니 그러므로 저버리는 자는 사람을 저버림이 아니요 너희에게 그의 성령을 주신 하나님을 저버림이니라(살전 4:3-8).

바울이 이 일에 분수를 넘어서 형제를 해하지 말라고 했을 때 '해하다'라는 단어의 뜻은 다음과 같다.

• 누군가의 희생을 바탕으로 이득을 취하는 것
• 누군가에게 사기 쳐서 갈취하는 것

• 누군가에게서 정당한 값보다 많이 취하는 것

말씀은 주님께서 이 모든 일에 신원해 주신다고 기록한다. 요한
계시록 2장 20-23절을 보면 예수님께서 음행을 어떻게 심판하시
는지 볼 수 있다. 질병과 큰 환난과 사망으로 심판하신다. 하나님
께서 더 무겁게 심판하시는 죄들이 있다는 것을 우리는 명심해야
한다.

눈의 언약은 지혜롭다. 다른 사람을 해하지 못하도록 당신을 보
호한다. 눈의 언약은 더 큰 죄에서 당신을 구해 낸다. 서로의 합의
로 범하는 간음뿐만 아니라, 가해자가 강압적으로 범하는 성추행,
근친상간, 학대와 강간 같은 죄에서도 보호해 준다. 하나님께서는
모든 죄를 보고 계시고 또한 피해자의 정신적 충격과 상처를 돌
아보시고 치유해 주신다. 그리고 이 모든 것을 반드시 정산하실
것이다.

예수님께서는 다른 사람을 범하는 죄, 특히 '작은 자'를 대상으
로 범하는 죄에 대해 직접적으로 말씀하셨다.

예수께서 제자들에게 이르시되 실족하게 하는 것이 없을 수는 없
으나 그렇게 하게 하는 자에게는 화로다 그가 이 작은 자 중의 하
나를 실족하게 할진대 차라리 연자맷돌이 그 목에 매여 바다에 던

져지는 것이 나으리라(눅 17:1-2).

심판 날 예수님 앞에서 학대, 근친상간, 강간 같은 죄가 기록된
것이 밝혀지면 끔찍하지 않겠는가? 차라리 바다에 던져지는 것이
낫지 않겠는가?

당신은 눈의 언약을 맺고 싶지만 '난 이미 실패했어. 다른 사람
을 범하는 죄를 지었어. 눈의 언약을 맺기는 너무 늦은 거야. 이제
어떻게 하면 되지?'라고 생각할 수도 있다.

> 만일 강간이나 성추행 등으로 누군가를 범하는 죄를 지었다면
> 천국의 기록에서 지울 수 있는 모든 방법을 동원하라.

만일 강간, 근친상간, 성추행 등으로 누군가를 범하는 죄를 지
었다면 천국의 기록에서 지울 수 있는 모든 방법을 동원해야 할
것이다. 강간이나 성추행은 다른 사람을 범하는 죄이며 범법 행위
이기 때문에 상황을 복잡하게 만든다. 죄를 자백하고 형사 처분을
받을지라도 회개하고 천국의 기록을 지울 수만 있다면 그렇게 해
야 한다. 죄가 공개되어 치르게 될 대가에 대한 두려움 때문에 이
상황을 올바르게 바로 잡는 것을 회피해서는 안 된다.

다음은 우리가 강간, 근친상간, 성추행의 가해자였을 경우에

해당되는 세 가지 원칙이다. 목회자를 찾아가 상담을 받고 이 말씀 구절들을 가지고 기도하고 성령님의 말씀에 순종하라.

- **원칙 1:** 하나님께 죄를 고백하라. "만일 우리가 우리 죄를 자백하면 그는 미쁘시고 의로우사 우리 죄를 사하시며 우리를 모든 불의에서 깨끗하게 하실 것이요"(요일 1:9).
- **원칙 2:** 객관적으로 당신의 이야기를 들어줄 수 있는 성숙한 성도에게 죄를 고백하고 함께 기도하라. "그러므로 너희 죄를 서로 고백하며 병이 낫기를 위하여 서로 기도하라 의인의 간구는 역사하는 힘이 큼이니라"(약 5:16). 만일 당신의 죄가 범법 행위라면 이 사람은 당신의 범행을 신고할 법적 의무가 있다는 사실을 명심하라.
- **원칙 3:** 가능하다면 당신이 피해를 입힌 사람과 화목하라. "그러므로 예물을 제단에 드리려다가 거기서 네 형제에게 원망들을 만한 일이 있는 것이 생각나거든 예물을 제단 앞에 두고 먼저 가서 형제와 화목하고 그 후에 와서 예물을 드리라"(마 5:23-24).

당신의 형제에게 원망들을 만한 일이 없다면 찾아가지 않아도 된다. 하지만 원망들을 만한 일이 있다면 말씀에 나온 대로 그리스도의 명령에 순종하며 찾아가라.

학대와 성추행의 경우 당신이 피해를 입힌 사람을 찾아가기 전에 충분한 목회 상담과 법률 상담을 거쳐야 한다. 목회 상담을 해야 하는 이유는 상대방에게 고백함으로 더 상처 주는 것을 막고 치유와 화해를 유도하는 방식으로 전달될 수 있도록 돕기 때문이다. "아프게 했다면 미안합니다" 또는 "아프게 할 생각은 없었어요"와 같은 가벼운 고백은 자만하고 오히려 상대방에게 상처가 된다. 당신의 죄를 축소하지 말고 추악한 부분까지 전부 책임져야 한다. 예를 들면 그 죄가 강간이면 '강간'이라고 말하고 진정으로 뉘우치며 고백해야 한다.

"내가 당신께 죄를 지었습니다. 당신을 범했고 상처를 입혔습니다. 정말 잘못했습니다. 진심으로 미안합니다. 저를 용서해 주세요. 마태복음 5장 24절 말씀처럼 우리가 화목하길 원합니다."

심판 날이 이르기 전에 해결되지 않은 죄의 문제를 정산해야 한다. 하지만 더 많은 상처가 아닌 치유를 가져오는 방법으로 해결해야 한다. 성령님의 도움과 인도를 구하고, 눈의 언약을 맺어서 남은 인생 동안 그 언약을 지키겠다고 작정해야 한다.

큰 죄과를 해결하지 않고 품고 있으면 더 많은 어려움이 야기될 수 있다. 회개하여 죄 사함을 받고 상대방에게 용서받음으로 문제를 해결해야 한다. 더 나아가 눈의 언약을 맺음으로 이런 죄가 더 이상 눈의 문으로 들어올 수 없도록 차단해야 할 것이다.

## 자신의 몸을 범하는 죄

눈의 언약은 자신의 몸을 더럽히는 죄에서 보호해 준다. 바울은
이렇게 말했다.

> 음행을 피하라 사람이 범하는 죄마다 몸 밖에 있거니와 음행하는
> 자는 자기 몸에 죄를 범하느니라(고전 6:18).

헬라어 '죄마다'는 '그 어떤 죄일지라도'를 뜻하는 강한 어조의
단어다. 바울은 음행이 자신의 몸을 범하는 죄이기 때문에 다른
수많은 죄보다 더 큰 죄라고 말한다. 어떤 죄는 우리 존재의 일부
인 혼과 영만을 더럽힌다. 하지만 성적인 죄는 영·혼·육 모두를
더럽힌다.

'자신의 몸을 범하는 죄가 왜 그렇게 나쁜가요?'라고 의문을 품
을 수 있다. 당신은 자신의 몸의 청지기이자 보호자다. 말씀을 묵
상해서 몸을 빛으로 채우고(눅 11:34) 성령님께서 거하시는 성전으
로 거룩하게 지켜야 할 의무가 있다(고전 6:19). 그 누구도 이 의무
를 대신할 수 없다. 당신이 자신의 몸에 죄를 범할 때, 성령님을
근심하게 하며(엡 4:30) 청지기의 의무를 저버리게 되는 것이다. 당
신의 몸이 더럽혀지고 어두워지면 더 많은 죄에 노출된다. 회개하

지 않고 계속 반복할 때마다 당신의 내면은 더 어두워지고 더 많은 죄에 노출된다. 이것은 결국 사망에 이르는 죄의 악순환이다 (약 1:15).

우리의 몸은 죄를 대적하는 싸움에서 우리를 돕거나 방해한다.

우리의 몸은 죄를 대적하는 싸움에서 우리를 도울 수도, 방해할 수도 있다. 예수님께서 이렇게 말씀하셨다.

네 몸의 등불은 눈이라 네 눈이 성하면 온 몸이 밝을 것이요 만일 나쁘면 네 몸도 어두우리라 그러므로 네 속에 있는 빛이 어둡지 아니한가 보라 네 온 몸이 밝아 조금도 어두운 데가 없으면 등불의 빛이 너를 비출 때와 같이 온전히 밝으리라 하시니라(눅 11:34-36).

당신의 몸이 밝을 때, 몸은 의를 추구하는 노력에 도움을 준다. 하지만 어둠으로 가득하면 당신의 몸은 영과 혼을 어둠으로 끌어 내린다.

당신의 몸이 장애물이 아닌 조력자가 되길 원한다면 눈을 선하게 지켜야 한다. 눈의 언약을 맺고 눈을 그리스도와 그분의 말씀에 고정시켜야 한다. 당신의 몸을 빛으로 채우면 하나님을 섬기는 데 큰 도움이 될 것이다.

## 경건한 자손

성경을 읽으면 하나님께서 얼마나 강력하게 성적인 죄를 싫어하시는지 알 수 있다. 이것이 왜 중요한지에 대한 주된 이유는 말라기 2장 15절에 설명되어 있다.

> 그에게는 영이 충만하였으나 오직 하나를 만들지 아니하셨느냐 어찌하여 하나만 만드셨느냐 이는 경건한 자손을 얻고자 하심이라 그러므로 네 심령을 삼가 지켜 어려서 맞이한 아내에게 거짓을 행하지 말지니라.

하나님께서 성이 결혼의 울타리 안에서 지켜지길 원하시는 이유는 경건한 자손 때문이다. 하나님께서 그분의 지혜로 결혼을 창조하신 이유는 결혼이 경건한 자손을 얻을 수 있는 최적의 환경이기 때문이다. 모든 성적인 죄는 결혼의 신성함과 안전을 위협한다.

결혼은 모든 가정의 근본이 되고, 하나님께서는 이 근본을 약화시키거나 파괴하려는 그 어떤 것도 강하게 대적하신다. 왜 그런가? 경건한 자손을 원하시기 때문이다.

로마서 1장 26-27절은 동성애(게이나 레즈비언)를 음행이나 간음보다 더 큰 죄로 묘사한다. 성행위를 통제하는 모든 도덕적 기준을 걷어내고 동성애가 일반적으로 수용된다면 경건한 자손을 얻는 대신 더럽혀진 자손을 얻게 된다.

> 모든 성적인 죄는 결혼의 신성함과 안전을 위협한다.

하나님께서 경건한 자손을 추구하시는 것은 인간 성(性) 생활의 가장 핵심이다. 경건한 자손 얻는 것을 방해하는 그 어떤 것도 하나님 보시기에 큰 죄가 된다. 그래서 눈의 언약은 지혜롭고 영광스러운 선물이다. 우리를 죄에서 지켜주며 우리의 마음이 배우자와 자녀에게 있게 해서 경건한 자손을 이 땅에 낳게 하기 때문이다. 눈의 언약은 정말로 기가 막힌 선물이다.

# 눈의 언약을 위한 나눔

탐구

말라기 2장 15절의 문맥을 이해하기 위해 말라기 2장을 읽어 보세요. 구별된 삶을 추구하는 당신에게 이 말씀이 주는 의미는 무엇인가요?

나눔

눈의 언약이 다른 사람을 범하는 죄로부터 우리를 어떻게 지켜줄 수 있나요? 과거에 다른 사람을 범한 죄가 있다면 회개할 수 있는 적절하고 현명한 방법이 무엇일까요?

기도

다른 사람을 범한 죄를 용서해 달라고 기도하세요. 누군가에게 원망받을 만한 일이 있다면 그 사람과 화목할 수 있는 회복에 이르는 현명한 방법이 무엇인지 주님께 구하세요.

눈의 언약은 하나님을 경외하는
두렵고 떨리는 마음을 일으킨다.
하나님을 경외하는 마음은
유혹의 순간에 당신을 지켜낸다.

# 언약 아래서
# 떨다

*chapter* 7

# 가속 페달, 브레이크 페달

내 눈을 돌이켜 허탄한 것을 보지 말게 하시고
주의 길에서 나를 살아나게 하소서 (시 119:37).

2부에서 눈의 언약을 맺어야만 하는 강력한 지혜에 대해 설명했다.

- 눈의 언약은 오늘날의 치열한 전쟁에 꼭 필요한 공격 도
  구다(4장).
- 눈의 언약은 모든 성적인 죄가 시작되는 눈의 문에서 미
  연에 방지하는 역할을 한다(5장).
- 눈의 언약은 큰 죄의 심판에서 우리를 지켜낸다(6장).

대다수의 책은 성적인 죄를 다루면서 우리가 하나님의 심판을
초래하는 것을 막기 위해 6장에 나온 접근법을 사용한다. 즉 죄에

대한 무거운 대가를 조명해서 우리가 순결함으로 나아가도록 동기를 부여해 준다. 죄를 지으면 그 대가는 분명히 있다. 하지만 유혹의 불길이 우리의 생각을 맴돌고 원수의 불화살이 정욕에 불을 지필 때는 죄의 대가에 대한 두려움은 우리가 죄 짓는 것을 막기에는 역부족이다.

내가 말하는 것을 당신은 이미 경험했을 수도 있다. 하지만 죄가 얼마나 끔찍한지 너무나 잘 알고 있다. 죄가 주변 사람들을 어떻게 파괴하는지도 잘 알고 있다. 그런데 우리는 어리석게도 죄의 구덩이에 빠져든다. 유혹에 순응할 때 스스로에게 '이건 잘못됐어, 이건 잘못됐어, 이건 잘못됐어'라고 되뇌이지만 당신을 결코 막을 수는 없다. 그리고 당신은 더 깊은 수렁으로 빠진다.

죄의 대가에 대한 두려움이 우리를 지켜내지 못한다면 과연 무엇이 지킬 수 있을까? 우리의 마음을 사로잡아 유혹의 순간에 넘어지지 않도록 지킬 수 있는 것이 무엇일까?

성적 유혹을 극복할 온전한 승리는 우리 마음에 두 가지가 활활 타오르고 있을 때 가능하다. 그것은 그리스도를 사랑하는 마음과 하나님을 경외하는 마음이다.

이것이 이 책의 핵심이다. 인생을 자동차에 비유해 보자. 당신의 삶이 도랑을 피해서 승리에 도달하기 위해서는 인생의 자동차에 두 가지가 반드시 작동해야 한다. 바로 가속 페달과 브레이크 페달이다. 가속 페달은 올바른 방향으로 전진할 수 있도록 자동차를 움직이고, 브레이크 페달은 잘못된 방향으로 가는 것을 멈추게 한다.

가속 페달은 그리스도를 사랑하는 마음이고, 브레이크 페달은 하나님을 경외하는 마음이다.


## 가속 페달(Gas Pedal)

가속 페달은 우리가 순결을 추구할 때 순종의 자리로 전진할 수 있도록 도와주는 예수님을 향한 열정이다. 예수님을 진정으로 사랑하기 때문에 그분께 순종하고 그분께서 기뻐하시길 원한다. 예수님은 우리를 그분의 자녀 삼으시기 위해 마지막 가쁜 숨을 내쉬고 마지막 핏방울까지 쏟으셨다. 우리는 그리스도와 함께 하늘의 아버지께 속한 놀라운 풍성함을 상속받았다. 우리는 예수님 덕분에 이 모든 것을 누릴 수 있게 되었다. 그래서 살아 있는 모든 순간마다 그분을 기쁘게 해야 한다.

> 가속 페달은 그리스도를 사랑하는 마음이고
> 브레이크 페달은 하나님을 경외하는 마음이다.

우리는 예수님을 사랑하는 마음이 더욱 더 자라고 깊어지길 원한다. 이 사랑이 활활 타오를 수 있도록 불을 지피고 싶다. 마음과 목숨과 뜻과 힘을 다하여 우리를 사랑하신 것처럼, 우리도마음과 목숨과 뜻과 힘을 다하여 그분을 사랑하길 원한다. 그분께서 받으시기 합당한 사랑을 인간적인 힘으로는 드릴 수 없다. 그분의 도움이 필요하다. 하나님을 사랑하는 데 하나님이 필요하다(요일 4:19). 성령님을 통해 그분의 사랑을 우리 마음에 부어 주시는 이유가 여기에 있다(롬 5:5). 하나님의 사랑은 하나님께서 우리를 사랑하시는 것처럼 우리도 하나님을 사랑할 수 있도록 도와준다.

하나님을 사랑하는 자들이 제일 싫어하는 것은 불순종과 그분을 실망시키는 것이다. 우리는 사랑에 빠졌다. 사랑에 빠진 우리의 사랑을 방해하는 것은 제거되어야 하고 사랑의 불은 더 활활 타오를 수 있도록 부채질해야 한다.

가속 페달을 끝까지 밟아라. 그리스도의 사랑 안으로 전속력으로 달려가라. 사랑하기 때문에 순종하겠다고 마음을 작정하라. 얽매이기 쉬운 죄를 벗어 버리고 무한한 그리스도의 사랑을 추구할 때 당신의 마음은 하늘의 계신 아버지의 넘쳐흐르는 사랑을 보게 될 것이다.

예수님은 말씀하셨다.

"나의 계명을 지키는 자라야 나를 사랑하는 자니"(요 14:21).

이 말씀의 뜻은 사랑의 가속 페달을 밟아서 순종하는 삶에 들어설 때, 예수님께서는 그분을 향한 충성의 표현으로 받으신다는 것이다.

눈의 언약을 맺을 때 우리의 표현은 바로 이것이다.

"예수님, 제가 보길 원하는 것은 오직 주님입니다. 세상의 모든 정욕에서 눈을 돌려서 주님께 고정합니다. 주님을 사랑하고 주님의 말씀에 잠겨 주님과 교제하는 것에 제 삶을 바칩니다. 아바 아버지, 지혜와 계시의 영을 부어 주셔서 주님을 더 알게 하옵소서" (엡 1:17-19).

성령님은 당신의 삶을 그리스도의 사랑과 하나님의 뜻에 순종하는 방향으로 인도하셔서 그 기도에 응답하신다.

당신이 순결한 삶을 살길 원한다면 가장 중요한 열쇠는 마음을 다해 그리스도를 사랑하는 것이다. 자동차에 달려 있는 가속 페달처럼, 사랑은 당신이 예수님 안에 거하는 자리로 이끌어준다. 그 사랑은 골방에서 이루어지는 예수님과의 친밀한 교제를 더 견고하게 한다.[6] 당신이 기도와 말씀 묵상을 열심히 할 때, 크고 첫째 되는 계명을 지킬 수 있도록 성령님께서 도와주실 것이다(마

---

6. 말씀과 기도 안에서 그리스도를 추구하는 삶을 강화시키기 위해 내 책 「내 영이 마르지 않는 연습」을 권한다. 이 책은 성도들이 하나님을 아는 지식이 깊어질 수 있도록 돕는 사역에 놀랍게 사용되고 있다. 예수님과 친밀한 사랑을 나누는 관계에 많은 도움을 줄 것이다.

22:38). 사랑의 가속 페달은 놀랍다. 순종과 구별됨, 순결과 믿음의 전진에 가속을 더해 주기 때문이다.

## 벽을 더 가까이 세우라

사랑은 "하나님의 임재가 떠나기까지 얼마나 음행을 행할 수 있을까?"라고 묻지 않는다. 오히려 "하나님의 은혜가 음행에서 얼마나 더 멀리 떨어질 수 있도록 날 도울까?"를 알기 원한다.

아궁이나 장작 난로를 떠올려 보라. 만일 난로의 벽이 멀리 떨어져 있으면 불은 쉽게 꺼져 버린다. 하지만 벽을 가까이에 세워 두면 난로의 불은 뜨거워진다. 난로가 예수님과의 사랑을 의미한다면, 난로 벽은 당신의 삶에 세워둔 순결의 기준을 의미한다. 난로 벽의 역할은 삶에서도 마찬가지다. 벽을 멀리 밀어서 삶에 허락하는 것들의 기준을 느슨하게 둔다면 불이 멀리 흩어지면서 예수님을 향한 사랑이 식을 것이다. 하지만 당신의 사랑을 분산시키는 세상 즐거움을 허락하지 않고, 벽을 가까이 세우면 불씨가 모이면서 예수님을 향한 사랑이 더 뜨겁게 타오를 것이다.

사랑은 구별된 삶의 벽을 가까이 세워서 불이 강하고 순결하게 타오르길 원한다. 죄는 하나님의 사랑을 받아들이는 것을 막지만 순종은 사랑의 불길에 부채질한다.

당신이 성적 순결함 가운데 거하면 당신의 눈은 맑고, 영은 밝아지고, 몸은 빛으로 가득 차며, 마음은 깨어 있고, 하나님께 민감하게 반응하며, 예수님과의 친밀한 교제의 강물이 자유롭게 흐를 것이다. 우리는 이렇게 살아야 한다.

> 벽을 가까이 세우면 불씨가 모이면서
> 예수님을 향한 사랑이 더 뜨겁게 타오를 것이다.

사랑을 예수님 얼굴을 대면하는 자리로 이끌어 가는 가속 페달에 비유했다. 브레이크 페달에 대해서도 설명하겠지만 먼저 가속 페달에 대해서 몇 가지 더 언급하겠다.


## 우리는 하나님을 만나야 한다

우리가 눈의 언약을 맺는 주된 이유는 바로 하나님을 만나기 위해서다. 이것은 우리 삶의 원동력이며 갈망이다. 우리는 왕을 알현하기 원한다. 시편 84편은 영적 순례의 대로에 서 있는 성도가 종국에는 시온에서 하나님 앞에 나타난다고 말한다(시 84:7). 종착지는 하나님이다. 그 어떤 소망도 이것보다 귀하지 않다.

예수님께서는 분명히 말씀하셨다.

"마음이 청결한 자는 복이 있나니 그들이 하나님을 볼 것임이요"(마 5:8).

이것이 우리가 구별된 삶을 열심히 추구하는 이유다. 또한 눈의 언약을 맺는 이유이기도 하다. 나는 하나님을 만나길 원한다. 욥이 그러했던 것처럼 말이다.

욥의 거친 여정에는 놀라운 사실이 있다. 눈의 언약을 맺은 자가 결국에는 하나님의 얼굴을 대면한 자가 된다는 것이다. 아직 육신의 몸을 하고 있는 채로 말이다. 성경은 욥이 맺은 눈의 언약과 하나님을 보게 된 것의 연결고리를 알려준다. 하나님은 욥의 순결한 마음에 상을 주셨다. 그가 하나님을 보게 되었을 때 이렇게 말했다.

"내가 주께 대하여 귀로 듣기만 하였사오나 이제는 눈으로 주를 뵈옵나이다"(욥 42:5).

눈의 언약을 맺은 자가 하나님의 얼굴을 대면할 것이다.

언젠가는 내 입술이 동일한 고백을 할 것이다. '이제는 눈으로 주를 뵈옵나이다.' 그게 언제일지 모른다. 내가 천국에 갈 때까지 일어나지 않을 수도 있다. 하지만 내 소망은 욥이 그랬던 것처럼 이생에서 하나님의 얼굴을 보는 것이다. 또한 아브라함, 모세, 여호수아, 에스겔, 다니엘, 요한이 그랬던 것처럼 말이다. 예수님은 이 땅에서 영광 가운데 하나님을 보게 될 자들이 있다고 말씀하셨다(마 16:28). 나는 마음 속으로 이 무리에 포함되기를 간절히 바라고 있다. 내가 아는 것은 여기까지다. 만일 우리가 하나님을 보기 원한다면 먼저 마음을 순결하게 지켜야 한다.

그 어떤 타협도 이 소망을 저버릴 만한 가치가 없다. 주님의 영광을 바라볼 수 있는 소망을 앗아가는 것은 모두 맞서 싸워야 할 원수들이다.

예수님께서 순결은 가장 최고의 보물, 즉 하나님 자신을 얻게 된다고 말씀하셨다. 나에게 이보다 더 높은 소망은 없다. 그분만이 내 기업이 되시며 넘치도록 큰 상이 되신다. 진주를 얻기 위해 그 어떤 값도 치를 수 있다.

하나님은 영혼의 가장 큰 기쁨이 되신다. 즐거움을 창조하신 하나님께서는 죄가 줄 수 있는 것보다 훨씬 더 높고 고상한 차원의 즐거움을 우리에게 주신다. 죄의 쾌락은 값싼 모조품일 뿐이다. 하나님을 알고 사랑하는 것에서 비롯되는 고상한 기쁨을 내 영혼을 둔하게 하고 하나님의 은총을 뺏어가는 일시적인 쾌락과 바꿀 이유가 있는가?

이것이 결론이다. 나는 눈의 언약을 맺을 것이다. 그리고 하나님의 얼굴을 보기 원한다.


## 요셉 이야기

요셉은 애굽으로 끌려가서 보디발의 노예가 되었다. 보디발은 요셉을 신임했기 때문에 자신의 집 총무로 세웠다. 요셉이 집 안에서 일할 때 보디발의 아내가 그를 유혹하려고 접근해 오자 그녀에게서 도망쳤다.

나는 요셉에 대해 읽을 때마다 감탄한다. 그는 혈기 왕성한 젊은 청년이고, 가족과 멀리 떨어져 있었으며, 아름다운 여인과 관계 맺을 수 있는 기회가 있었다. 그 누구도 그가 무엇을 하는지 알 수 없었다. 나는 종종 생각한다. 보디발의 아내와의 간음에서 요셉을 지켜낸 것은 무엇일까?

이 질문의 답은 야곱이 요셉에게 어렸을 때부터 가르쳤던 것에서 발견할 수 있다. 야곱은 하나님께서 요셉의 증조할아버지인 아브라함에게 주신 놀라운 약속에 대해 가르쳤다(창 15:12-21). 야곱은 아마 이렇게 말했을 것이다.

"요셉아, 네가 이 가문을 이어갈 다음 세대다. 만일 하나님 앞에 흠 없고 순종하는 삶을 산다면 하나님께서 네 증조할아버지에게 약속하신 복을 상속받을 수 있단다."

요셉이 아버지에게서 물려받은 것은 영적인 유업에 대한 열정이다. 요셉은 르우벤이 아버지의 아내 중 한 명과 간음해서 장자권을 상실했다는 것을 알고 있었을 것이다(창 35:22, 49:4). 르우벤이 저버린 것을 꼭 받겠다는 다짐과 자신의 영적 유업을 귀하게 여겼기 때문에 요셉은 보디발의 아내를 거부한 것이다.

요셉은 보디발의 아내와 정욕의 불을 태우면서 동시에 하나님의 거룩한 불을 지니고 있을 수 없다는 것을 알았다. 그는 어느 불을 태울지 선택해야 했다. 요셉은 성적 쾌락보다 하나님을 선택했다.

> 요셉은 보디발의 아내와 정욕의 불을 태우면서 동시에
> 하나님의 거룩한 불을 지니고 있을 수 없다는 것을 알았다.

보디발의 아내와 하나님의 얼굴을 동시에 바라볼 수는 없다. 당신은 무엇을 보길 원하는지 먼저 결정해야 한다.

지금 당신의 삶에 하나님을 보길 원하는 불같은 갈망이 그리스도께 순종하는 자리로 나아가게 하는 가속 페달 역할을 하고 있는가?

## 가속 페달과 브레이크 페달 둘 다 필요하다

나는 지금까지 가속 페달을 그리스도께 더 가깝게 다가가는 사랑에 비유했다. 하지만 자동차를 제대로 운전하기 위해서는 가속 페달과 브레이크 페달 둘 다 필요하다. 브레이크는 하나님을 경외하는 마음이다. 우리가 목적지까지 무사히 도착하기 위해서는 사랑(가속 페달)과 경외함(브레이크) 둘 다 필요하다.

만일 그리스도를 향한 열정적인 사랑(가속 페달)은 있지만 제대로 기능하는 브레이크(하나님을 경외하는 마음)가 없다면 언젠가는 사고가 날 것이다. 순결한 삶을 살기 위해서는 그리스도의 사랑과 하나님을 경외하는 마음이 있어야 한다.

그리스도를 사랑하는 마음은 순결함으로 나아가게 하고, 하나님을 경외하는 마음은 타협과 충돌하는 것을 막아준다.

바울은 이중 원칙을 이렇게 설명한다.

우리는 주의 두려우심을 알므로 사람들을 권면하거니와 … 그리스도의 사랑이 우리를 강권하시는도다(고후 5:11, 14).

바울은 추수 때 일꾼으로 일하는 데 동기부여가 되는 두 가지가 있다고 했다. 영원한 심판의 끔찍함을 이해했기 때문에 주님에 대한 두려움으로 동기가 부여됐고, 그리스도가 세상을 얼마나 사랑하시는지 잘 알고 있었기 때문에 그리스도의 사랑이 그를 강권했다. 이 두 가지가 합쳐졌을 때 추수 밭에 온 몸을 내던질 만한 충분한 동기가 되었다.

우리에게도 거룩과 순결함으로 나아가기 위해 이 두 가지 동기가 필요하다. 그리스도를 향한 사랑과 하나님을 경외하는 마음이다.

사랑과 두려움. 이것은 구별된 삶을 위한 이중 전략이다.

## 주의 두려움(Terror of the Lord) **아래 거하기**

> 그리스도를 사랑하는 마음은 순결함으로 나아가게 하고, 하나님을 경외하는 마음은 타협과 충돌하는 것을 막는다.

그리스도의 사랑은 성적 구별됨을 위한 큰 원동력이 된다. 하지만 우리가 사랑만으로 순결한 삶을 살기에는 부족하다. 이것은 논란의 소지가 될 수 있기 때문에 성경 구절로 뒷받침하겠다.

예수님께서 두아디라 교회에 말씀하셨을 때 그들의 사랑을 칭찬하신 후에 다음 구절에서 음행을 책망하셨다.

내가 네 사업과 사랑과 믿음과 섬김과 인내를 아노니 네 나중 행위가 처음 것보다 많도다 그러나 네게 책망할 일이 있노라 자칭 선지자라 하는 여자 이세벨을 네가 용납함이니 그가 내 종들을 가르쳐 꾀어 행음하게 하고 우상의 제물을 먹게 하는도다(계 2:19-20).

예수님은 그들이 예수님을 진정으로 사랑한다는 것을 인정하셨지만, 그 사랑이 그들을 음행에서 지켜내지는 못했다. 그들은 무엇이 부족했는가? 바로 하나님을 경외하는 마음이다. 거짓 교사들이 하나님을 경외함이 무엇인지 올바르게 가르치지 않았던 것이다. 결과적으로 두아디라 교회의 브레이크는 작동되지 않았다.

가끔 우리에게는 성능이 좋고 즉각적으로 반응하는 브레이크가 필요하다. 가끔 우리는 제자리에 멈춰야 할 때도 있다. 우리가 잘못된 방향으로 가고 있을 때, 그리고 잘못된 방향으로 가고 있는 사람과 함께 계속 이동한다면, 둘은 함께 충돌할 것이다. 우리에게는 브레이크가 필요하다. 주님에 대한 두려움이 우리 영혼

가운데 활활 타오르고 있어야 브레이크를 밟을 때 제대로 작동할 것이다.

교회 내에서 타협에 빠지는 것을 막는 브레이크는 죄의 대가에 대한 두려움으로 알려져 있다. 많은 교회가 죄로 인한 끔찍한 일들을 설명하는 데 많은 시간을 할애한다. 앞서 말했듯이, 이 대가들은 사실이고 우리가 알고 있어야 하는 것들이다. 하지만 죄의 대가에 대한 지식은 제대로 작동하지 않는 브레이크 시스템이다. 죄의 대가를 익히 알면서도 교통사고를 피하지 못한 많은 사람을 통해 익히 알 수 있다. 사람들은 우리가 삶을 나누는 소위 '영적 멘토'를 두어야 한다고 말한다. 영적 멘토에게 자신이 지은 죄에 대해 고백해야 하는 두려움 때문에 죄를 짓지 않을 것이라고 말한다. 나는 서로 책임지고 지키는 제도에는 찬성한다. 하지만 이것은 강렬한 유혹의 순간에 당신을 멈추기에는 역부족이다. 우리는 강렬하고도 옴짝달싹 못하게 하는 위력을 지닌 무언가가 필요하다. 유혹에 노출되는 연약한 순간마다 우리가 죄를 멀리할 수 있는 유일한 두려움은 바로 절대적인 주님에 대한 두려움이다.

우리는 제자리에 멈춰야 할 때도 있다.

어떻게 하면 주님의 두려움 아래 거할 수 있는가? 하나님 앞에서 눈과 언약을 맺음으로 가능하다. 우리가 맺는 언약은 하나님께 '절대 이것에 눈길 주지 않을 것을 서원합니다'라고 고백하는 것이다.

우리는 우리의 눈이 특정 이미지를 처음 접하는 것을 막을 수 없다. 갑자기 우리 앞에 나타나기 때문에 통제권 밖에 있기 때문이다. 우리가 통제할 수 있는 건 두 번 보지 않는 것이다. 눈의 언약은 그런 이미지를 머릿속에 되뇌는 것을 거부한다. 예기치 못하게 눈이 무언가를 보게 된다면 당신은 언약을 깬 것은 아니지만, 계속 그 이미지에 머무는 선택을 한다면 그것은 언약을 깨는 행동이다.

노골적이고 암시적인 성적 표현물이 넘쳐나는 현대 사회에서 순결한 삶을 살기 위해서는 이중 전략을 취해야 한다. 즉 하나님을 사랑하고 그분의 사랑을 받는 가장 높은 차원의 기쁨을 추구해야 하며, 눈의 언약을 맺음으로 주님에 대한 두려움 아래 거해야 한다.

가속 페달과 브레이크 페달, 이것은 우리가 전적으로 취해야 하는 이중 전략이다.

이제 눈의 언약이 어떻게 우리를 주님에 대한 두려움 아래 거하게 하는지 설명하겠다. 이것이 이 책의 주된 목적이다. 하지만 그 전에 나는 하나님과 언약 맺는 것에 대한 몇 가지 질문에 답해야겠다.

# 눈의 언약을 위한 나눔

탐구

우리의 삶 속에 그리스도의 사랑이 어떻게 깊어질 수 있을까요? 이 질문에 해당되는 성경 구절을 찾아보세요.

나눔

죄와의 충돌을 막아주는 하나님을 경외함에 대해 나누어 보세요. 주님에 대한 두려움이 '죄의 대가에 대한 두려움'과 어떤 차이가 있나요?

기도

주님에 대한 사랑과 두려움 가운데 어떻게 성장하기 원하는지 나누고, 하나님께 기도로 구하세요.

# chapter 8

# 서원은 여전히
# 성경적으로 유효한가?

우리가 하나님과 언약을 맺거나 서원하는 것에 대해 얘기할 때, 교회 내의 지도자들은 이에 대해 강한 의구심을 표출한다. 이 주제가 논란의 여지가 많다는 것을 알기에 이번 장에서는 언약 맺는 것에 대한 가장 흔한 반대 의견들을 다루겠다.

## 서원은 구약의 관습이다

이 책의 주된 성경 구절인 욥기 31장 1절은 구약에 있는 말씀이고,

서원과 언약에 관한 대다수의 말씀 또한 구약에서 찾을 수 있기 때문에 서원을 반대하는 이유 중 하나는 신약이 아닌 구약의 관습이라는 것이다. 그리스도의 십자가가 서원을 폐지했기 때문에 신약에 속한 신자들에게 더 이상 유용하거나 적용 가능하지 않다고 주장한다.

하지만 실제로 서원은 신약 교회에서 두 번 행해진다. 첫 번째는 사도행전 18장 18절에 바울의 서원이 있었다고 말한다. 그리고 예루살렘에 서원한 네 명의 신자가 언급된다(행 21:23). 성령님은 신약에서 서원의 유효함을 증거하는 두 사례를 제시하심으로 고린도후서 13장 1절의 기준을 충족시키셨다.

"두세 증인의 입으로 말마다 확정하리라."

신약에서 서원의 두 사례를 찾을 수 있기 때문에 서원이 십자가를 통해 폐지되었다고 주장하기는 힘들다. 서원에 대한 세 번째 언급은 간접적이어서 찾아보기 쉽지 않지만, 찾아보기 원하는 자에게는 보인다. 마태복음 19장 12절에서 "천국을 위하여 스스로 된 고자"의 진실함을 확인시켜 준다. 예수님은 스스로 고자가 된 사람들을 언급하셨을 때, 자해(自害)에 대해 말씀하신 것이 아니다. 하나님 나라에 더 헌신하기 위해 자발적으로 순결 서약을 하는 성도들에 대해 말씀하신 것이다. 예수님은 성적으로 구별되는 서원의 아름다움과 고귀함을 칭찬하신 것이다.

신약에 나오는 세 개의 사례 외에도 이사야는 십자가 역사 이후 애굽이 하나님께 서원하는 때에 대해 말했다.

여호와께서 자기를 애굽에 알게 하시리니 그 날에 애굽이 여호와
를 알고 제물과 예물을 그에게 드리고 경배할 것이요 여호와께 서
원하고 그대로 행하리라(사 19:21).

이사야는 천년 왕국을 바라본 것 같다. 이 말씀이 성취될 시기
가 언제이든 아직 성취되지 않은 것은 확실하다. 애굽이 여호와께
서원하고 그대로 행하는 날이 올 것이다. 만일 애굽이 미래의 그
날에 서원한다면 오늘날 하나님께 서원하는 것이 여전히 유효한
성경적 관습이라고 봐도 무방할 것이다.

새 언약 아래 살고 있는 이 시대에 서원이 여전히 유효하다는
주장에 뒷받침할 마지막 근거가 있다. 바로 혼인 서약이다. 누군
가는 이렇게 물을 수 있다.

"결혼이 언약 관계로 봉인된다는 근거가 성경에 있나요?"

그 근거는 두 본문에서 찾아볼 수 있다. 먼저 솔로몬은 음녀를
"젊은 시절의 짝을 버리며 그의 하나님의 언약을 잊어버린 자"로
묘사한다(잠 2:17). 솔로몬은 결혼하는 예비부부가 서로 그리고 하
나님과 언약 맺는다는 것을 확증한다.

두 번째 본문에서 하나님은 아내와 이혼하는 남자들을 책망하시며 이렇게 말씀하셨다.

"그는 네 짝이요 너와 서약한 아내로되"(말 2:14).

하나님은 결혼은 언약으로 맺어진 관계라고 말씀하신다. 그렇기 때문에 결혼식에서 하는 혼인 서약은 성경적임을 확인할 수 있다.

만일 십자가가 서원을 비성경적인 관습으로 만들었다면, 혼인 서약 또한 잘못된 것이 된다. 하지만 결혼식 날 예비부부의 서약이 거룩하고 고귀하다는 것은 모두 동의하는 부분일 것이다.

우리가 내릴 수 있는 결론은, 즉 서원은 신약시대에도 여전히 유효하다는 것이다. 서원에 반대하는 다음 반론은 더 강하다.

## 예수님께서 서원하지 말라고 하셨다

오늘날 서원하는 것이 잘못됐다고 믿는 사람들 중에 예수님께서 금지하신 것이라고 생각하는 사람들이 있다. 이들이 제시하는 말씀은 야고보가 자신의 서신서에 인용하기도 했다. 이들이 염두에 두는 두 구절은 아래와 같다.

또 옛 사람에게 말한 바 헛 맹세를 하지 말고 네 맹세한 것을 주께 지키라 하였다는 것을 너희가 들었으나 나는 너희에게 이르노니 도무지 맹세하지 말지니 하늘로도 하지 말라 이는 하나님의 보좌임이요 땅으로도 하지 말라 이는 하나님의 발등상임이요 예루살렘으로도 하지 말라 이는 큰 임금의 성임이요 네 머리로도 하지 말라 이는 네가 한 터럭도 희고 검게 할 수 없음이라 오직 너희 말은 옳다 옳다, 아니라 아니라 하라 이에서 지나는 것은 악으로부터 나느니라(마 5:33-37).

내 형제들아 무엇보다도 맹세하지 말지니 하늘로나 땅으로나 아무 다른 것으로도 맹세하지 말고 오직 너희가 그렇다고 생각하는 것은 그렇다 하고 아니라고 생각하는 것은 아니라 하여 정죄 받음을 면하라(약 5:12).

위의 말씀이 서원을 금지하는가? 그렇지 않다. 거의 모든 성경 주석은 예수님께서 맹세하는 것을 반대하셨을 때 서원을 다루신 건 아니라고 말한다. 예수님의 의도는 다른 곳에 있었다.

> 만일 십자가가 서원을 비성경적인 관습으로 만들었다면,
> 혼인 서약 또한 잘못된 것이 된다.

그 당시에 자신의 진실을 누군가에게 확신시키기 위해서 맹세하는 것은 흔한 풍습이었다. 시간이 지남에 따라 그 풍습은 교묘한 색깔을 띠기 시작했다. 예를 들어 만일 하나님의 이름으로 맹세하면 그 맹세는 구속력이 있는 것으로 여겨졌다(그 맹세를 깬다는 것은 여호와의 이름을 망령되이 일컫는 것이다). 하지만 하나님의 이름보다는 사소한 것을 두고 맹세한다면(예: 성전), 맹세한 사람이 "그런데 있잖아, 나는 사실 하나님의 이름으로 맹세한 것이 아니잖아. 난 하나님의 이름을 망령되이 부르지 않았어"라고 말함으로 그 맹세를 하찮게 만들어 맹세에서 벗어날 수 있게 된다. 그 당시 사람들은 복잡한 규칙을 잔뜩 만들어 맹세를 지키지 않아도 되는 것으로 합리화했다.

예수님께서는 하늘로 맹세하면 하나님의 이름을 사용하는 것만큼 구속력이 있다고 하셨다.

예수님은 그들에게 "하늘로 맹세하건데 나는 당신에게 진실을 말했습니다"라고 말하는 대신 옳으면 "옳다" 아니면 "아니다"라고 말하라고 하셨다. "네, 이것이 사실입니다." "네, 제가 그렇게 하겠습니다." "아니요, 제가 하지 않았습니다." 그들이 말을 교묘하게 바꿀 때, 그들은 마귀에게 협조하는 것이다. 마귀는 말을 교묘하게 바꿔 속이는 자다.

예수님은 이렇게 말씀하셨을 것이다.

"네가 하는 말은 네가 책임져야 한다. 지키지 않아도 되는 맹세는 없다. 그 무엇을 두고 맹세하지 말라. 그저 네가 하는 말에 책임을 져라. 만일 '옳다' 하면 그것은 '옳다'이다. '아니다' 하면 그것은 '아니다'이다."

이 말씀은 사람들 간에 맹세하는 것을 다룬 것으로 하나님께 서원하는 것에 대한 언급이 아니다.

베드로는 예수님께서 십자가에 달리셨을 때 맹세의 함정에 빠졌다.

"그러나 베드로가 저주하며 맹세하되 나는 너희가 말하는 이 사람을 알지 못하노라 하니"(막 14:71).

베드로가 저주했을 때 욕설을 한 것은 아니다. 자신이 한 말이 사실이 아니라면 자신에게 저주가 내릴 거라고 말한다. 그가 맹세했을 때 그는 하늘, 예루살렘, 하나님의 이름 또는 중대한 것을 걸고 맹세했다. 예수님께서 이런 맹세를 금지하신 이유는 베드로의 행동에서 보여지는 당시의 풍습 때문이다.

예수님은 맹세하는 것을 금하셨지만 하나님께 서원하는 것은 금하지 않으셨다.

누군가는 또 이렇게 주장할 수 있다.

"예수님도 서원하지 않으셨는데 나도 하지 않을 거야. 나는 오직 예수님께서 하신 것만 할 거야."

이에 대해서는 예수님은 하나님께만 서원하셨을 것이라는 증거를 제시하겠다. 이 증거는 십자가와 그리스도의 고난에 관한 메시아 예언시, 시편 22편에서 볼 수 있다. 이 시편에서 다윗은 메시아의 말을 이렇게 인용한다.

"큰 회중 가운데에서 나의 찬송은 주께로부터 온 것이니 주를 경외하는 자 앞에서 나의 서원을 갚으리이다"(시 22:25).


## 예수님은 하나님께 서원하셨을 것이다

다윗은 메시아가 서원하고 그것을 갚을 것이라고 예언한 것이다. 예수님의 서원은 무엇이었을까? 말씀에 정확히 제시되어 있지는 않지만 추측해 보면, 예수님께서 겟세마네에서 다가올 십자가를 바라보시며 이렇게 기도하셨을 것이다.

"아바, 당신께서 저를 죽음과 스올에서 건져내셔서 당신의 우편으로 올리신다면, 제가 이렇게 서원합니다."

그리고 예수님께서 아버지께 무엇을 하겠다고 서원하셨는지에 대해서는 상상만 할 뿐이다.

"아버지, 당신이 이렇게 하시면, 제가 이렇게 하겠습니다."

이런 서원은 조건적인 서원의 범주에 속한다. 예수님께서 이 서원을 갚으시는 것을 언젠가 보게 될 것이다. 예수님께서 서원을 금지하지 않으셨고 실제로 지상에 계시면서 하나님께 서원하신 것처럼 보이기 때문에 우리가 내릴 수 있는 결론은 오늘날에도 서원은 여전히 유효하다는 것이다. 서원에 대한 마지막 반론이다.

## 서원은 은혜의 통로가 아닌 정죄의 통로다

하나님께 서원하는 것에 대한 반론 중 가장 강한 것은 바로 이것이라고 생각된다.

"만일 누군가가 눈의 언약을 맺었는데 그것을 깬다면 그들은 강도 높은 참소와 정죄를 받게 된다. 성도의 삶에 정죄를 가져오는 모든 것은 참소하는 자에게서 비롯된다. 육신을 따르지 않고 영을 따르는 그리스도 예수 안에 있는 자에게는 결코 정죄함이 없다(롬 8:1). 정죄를 가져오는 통로는 하나님의 은혜 밖에 있는 것이다."

이런 반론을 주장하는 사람들은 성도들에게 서원 대신 마음의 결단을 할 것을 추천한다. 그들은 성도들이 하나님의 은혜 안에서 순결하겠다고 작정하고, 만일 이 결단을 깨면 주님께 용서를 구하고, 다시 일어나서 새로 시작하는 편을 선호한다. 그들은 결단을 은혜의 통로로, 서원을 정죄의 통로로 본다.

이에 대한 우려는 나도 공감한다. 성도들이 조급하게 또는 바람직하지 않게 서원하여 정죄받는 자리에 들어서는 어리석은 일이 없길 바란다. 예를 들면 이렇다.

"저는 정말 오랫동안 성적 순결을 지키기 위해 마음의 결단을 했지만 계속 실패했습니다. 저는 이런 실패로 인해 견디기 힘든 수준의 정죄, 죄책감과 참소를 느낍니다. 종종 제 결단을 지키지 못한 죄책감을 안고 어떻게 살아가야 할지 모르겠습니다. 만일 눈의 언약을 맺은 후에 전보다 높은 단계에서 실패한다면, 제가 직면하게 될 죄책감과 좌절의 무게를 상상하고 싶지도 않습니다. 아마 그 무게에 쓰러져 버릴 것입니다. 이미 '마음의 결단' 단계에서 상당한 죄책감과 참소에 시달리고 있는데, '결단'에서 '언약'으로 제 헌신의 단계를 굳이 높일 이유가 있나요?"

나는 이런 고민에 충분히 공감하며 최선을 다해 답하고 싶다.

만일 준비가 덜 된 상태에서 성급하게 서원하면, 그것은 실제로 더 큰 정죄를 야기하는 도구가 될 수 있다. 이 책에서 정확한 시기에 서원하는 게 중요하다고 강조하는 것도 바로 이 이유 때문이다. 당신이 서원할 준비가 되었다고 성령님께서 주시는 확신이 있어야 하며, 하나님의 은혜가 서원하는 자리로 당신을 초대하고 계신다는 확신이 있어야 하다.

나는 성급한 서원을 지키기 위해 육체의 힘을 빌리는 것은 참패에 이르는 지름길이라는 의견에 동의한다. 성도들이 자신의 의지로 죄를 극복하려고 하면 반드시 실패하게 되어 있다. 그 누구도 육체의 힘으로 죄를 이길 수 없기 때문이다. 나는 성도들이 성급한 서원으로 참소에 시달리는 것은 바라지 않는다.

> 성도들이 자신의 의지로 죄를 극복하려고 하면
> 반드시 실패하게 되어 있다.

언약에 대한 책을 집필하는 것을 몇 년 동안 망설인 이유도 여기에 있다. 난 사람들에게 무거운 짐을 지우기 싫었다. 그러다가 역으로 생각해 보았다. 만일 눈의 언약 맺는 것을 원치 않고, 가끔씩 죄를 즐길 수 있는 숨구멍을 마련해 놓는다면 죄는 최악의 짐이다. '결단' 단계에 머물러 있는 것은 서원을 깨는 것을 면하게 하겠지만, 그것은 유혹에게 틈을 주는 것이다. 눈의 언약은 문을 굳게 닫아서 그 짐을 극복할 수 있는 최고의 환경을 제공한다.
만일 눈의 언약이 죄가 들어올 수 있는 통로를 굳게 봉인한다면, 그것은 짐이 아니라 자유의 통로가 된다. 문을 온전히 닫는 것만이 죄에서 자유할 수 있는 유일하고 현명한 선택이다.

> 만일 눈의 언약이 죄가 들어올 수 있는 통로를 굳게 봉인한다면,
> 그것은 짐이 아니라 자유의 통로가 된다.

눈의 언약을 맺을 때, 하나님의 은혜를 빼앗기지 않고 오히려 풀어놓는 방법이 있다. 성령님의 인도하심에 따라 하나님을 경외하는 마음으로 올바른 때에 언약을 맺으면, 주님께서 당신의 삶이 구별되는 것을 돕기 위해 기다리고 계셨다는 것을 발견할 수 있을 것이다. 하나님의 마음은 하나님을 기쁘시게 하려는 당신의 헌신에 움직이신다(당신의 언약을 사랑의 표현으로 보신다). 이 언약을 맺는 순간 하나님은 미소로 바라보시며 당신은 그분의 은혜가 서원을 지킬 수 있는 힘을 공급하기 위해 부어지는 것을 느낄 것이다. 그리고 주님은 순종의 삶을 살 수 있도록 도와주신다.

바울은 "너희는 성령을 따라 행하라 그리하면 육체의 욕심을 이루지 아니하리라"고 했다(갈 5:16). 눈의 언약은 성령을 따라 살 수 있게 도와주는 도구다. 만일 육체의 정욕과 씨름하고 있지 않다면 이 도구는 당신에게 필요하지 않다. 하지만 대다수의 사람들처럼 육체의 정욕과 씨름하고 있다면 눈의 언약은 성령을 따라 행하고 육체의 욕심을 이루지 않도록 도와줄 것이다.

서원은 율법주의로 돌아가는 것이 아니다. 사실 야곱의 서원은 율법이 있기 전에 이루어졌기 때문에 모세의 율법을 앞선다(창

28:20). 율법의 시대가 아닌 약속의 시대에 뿌리를 두고 있다. 당신이 서원할 때 약속, 믿음, 은혜의 영역에 들어서는 것이다.

눈의 언약을 성급하게 맺어서 참소와 정죄를 받게 되는 경우가 있는가? 혼인 서약을 성급하게 한 사람이 서약을 깨서 참소와 정죄를 받는 것처럼 눈의 언약도 마찬가지다. 하지만 결혼한 사람이 간음하면, 우리는 그가 언약을 깼기 때문에 어느 정도의 참소와 죄책감을 느끼는 것이 타당하다고 생각한다.

그렇다고 해서 혼인 서약이 정죄의 도구라고 말하지는 않는다. 오히려 그 반대다. 사실 혼인 서약은 예비부부가 서로에게 충실할 수 있도록 도와주는 은혜의 도구다. 이처럼 눈의 언약은 거룩함을 추구하는 삶을 돕기 위한 하나님께서 예비하신 도구다.

눈의 언약을 맺기 전에 스스로에게 다음의 질문을 해보자.

- 눈의 언약을 맺는 것은 하나님의 뜻인가?
- 하나님의 은혜로 이 언약을 지킬 수 있다고 믿는가?
- 지금이 이 서원을 할 적절한 시기인가?

위의 질문에 자신 있게 긍정으로 답할 때까지 눈의 언약을 맺지 마라. 좀 전에 제시한 질문으로 돌아가 보자.

"이미 '마음의 결단' 단계에서 상당한 죄책감과 참소에 시달리고 있는데, '결단'에서 '언약'으로 헌신의 단계를 굳이 높일 이유가 있나요?"

이 질문에 대한 답은 이렇다. '결단'은 산을 오르는 여정의 98퍼센트까지 도와준다. 하지만 산 정상을 눈앞에 두고 계속 넘어지고 미끄러진다. '언약'은 이 산을 정복하는 데 필요한 마지막 2퍼센트를 극복할 수 있도록 도와줄 것이다.

'결단'의 단계는 죄와 타협해도 문제가 되지 않는 자리다. 당신의 생각에 이르는 문이 여전히 살짝 열려 있기 때문에 반복되는 실패의 자리에서 제자리걸음을 하게 한다. 결단은 온전한 승리의 자리로 돌파하기에는 부족하다. 이제 배수진을 치고 소유를 다 팔아 극히 값진 진주인 눈의 언약을 맺을 때인가?

이제 배수진을 치고 소유를 다 팔아
극히 값진 진주인 눈의 언약을 얻을 때인가?

하나님은 우리에게 매우 값진 선물을 주셨다. 고대의 지혜, 즉 믿음의 조상들에게 힘이 된 '옛적 길'이 다시 발견되고 있다. 하나님께서 예레미야를 통해 말씀하신 것처럼 말이다.

"여호와께서 이와 같이 말씀하시되 너희는 길에 서서 보며 옛적 길 곧 선한 길이 어디인지 알아보고 그리로 가라 너희 심령이 평강을 얻으리라 하나 그들의 대답이 우리는 그리로 가지 않겠노라 하였으며"(렘 6:16).

눈의 언약을 맺어야겠다는 혼적인 충동에 넘어가면 안 된다. 오직 성령님의 인도하심에 따라 주 예수님의 은혜 안에서만 언약을 맺어야 한다. 만일 이 서원을 한다면, 이 언약을 통한 복과 언약을 지킬 수 있는 거룩한 능력이 온전히 당신에게 임하길 축복한다.

## 서원을 악용할 수 있다

언약을 맺는 것에 대한 마지막 반론은 서원이 과거에 종종 악용된 사례 때문이다.

어느 유명한 사역자가 성도들에게 헌물에 관한 서원을 하라고 가르쳤다는 이야기를 들은 적이 있다. 그는 성경에 나오는 서원에 대한 가르침을 이용해서 자신의 사역에 들어오는 재정을 증가시키려고 했다. 지도자들은 언젠가 예수님 앞에 서서 이런 악용에 대해 해명하게 될 것이다.

서원은 구약시대에도 잘못 사용되곤 했다. 입다의 서원도 유감스럽다(삿 11:30-40). 그뿐만 아니라, 민수기 30장 6절은 경솔한 서약을 한 여인을 어떻게 다루어야 하는지에 대해 가르치고 있다.

확실한 것은 어떤 서원은 경솔하고 어리석다는 것이다.

만일 하나님께 드린 서원이 어리석었다면, 당신의 어리석음을 자비로운 하나님 아버지께 고백하고, 용서를 구하고 이 서원에서 당신을 풀어 달라고 기도하라.

서원이 악용되었다고 해서 서원 자체를 잘못됐거나 바람직하지 않은 것으로 치부할 필요는 없다. 하나님께 서원하는 것은 여전히 성경적이다. 단 서원할 때 성경적인 방법인지 확인할 필요는 있다.

하나님의 은혜는 서원을 금하지 않는다. 오히려 서원을 하고 지킬 수 있게 돕는다.

> 만일 어리석은 서원을 했다면, 주님의 풀어 주심을 받으라.

성경에 나오는 서원에 대한 이야기는 나를 하나님께 서원하도록 움직였다. 하나님과 맺은 첫 언약은 그리스도를 믿겠다고 고백하고, 물세례를 받고 하나님의 구속하심을 받아들인 때다. 당신처럼 나도 예수님을 내 삶의 주인으로 고백하고 하나님과의 언약 관계에 들어섰다. 이것은 아주 오랜 기간 동안 내 첫 번째이자 유일한 하나님과의 언약이다.

두 번째 서원은 1981년에 이루어졌다. 결혼식 날 하나님 앞에서 아내와 맺은 언약이다. 하나님과 그 자리에 함께한 증인들 앞에서 아내와 서약을 맺었다. 그리고 오늘날까지 그 서약을 저버리지 않게 지켜주신 하나님과 그분의 은혜에 감사하며 살고 있다.

세 번째 서원은 하나님과의 친밀함에 관한 것이다. 주님께서는 예레미야 30장 21절 말씀에 근거하여 평생토록 내 마음을 거룩함 가운데 그분께 더 가까이 가겠다는 약속으로 인도하셨다.

그리고 네 번째 서원은 욥기 31장 1절에 나온 것처럼 눈의 언약을 맺은 때다. 이 서원은 나의 신앙생활에 큰 원동력이 되었는데 당신의 삶에도 동일하게 역사할 것이다.

다음 장에서는 성경에서 찾아볼 수 있는 몇 가지 서원을 정의하고 설명할 것이다. 이것을 통해 당신에게 유익이 있으면 좋겠고, 내가 그랬던 것처럼 당신도 눈의 언약을 맺을 담대함과 자신감을 찾기 바란다.

모든 사람에게 구원을 주시는 하나님의 은혜가 나타나 우리를 양육하시되 경건하지 않은 것과 이 세상 정욕을 다 버리고 신중함과 의로움과 경건함으로 이 세상에 살고 복스러운 소망과 우리의 크신 하나님 구주 예수 그리스도의 영광이 나타나심을 기다리게 하셨으니 그가 우리를 대신하여 자신을 주심은 모든 불법에서 우리를 속량하시고 우리를 깨끗하게 하사 선한 일을 열심히 하는 자기 백성이 되게 하려 하심이라(딛 2:11-14).

# 눈의 언약을 위한 나눔

**탐구**

서원하는 것에 대해서 성경적으로 망설여지는 부분이 있나요? 당신의 의견을 공동체와 나누고, 주님께서 모두에게 주시는 지혜가 무엇인지 분별해 보세요.

**나눔**

성적 순결 외에 다른 영역에서 주님께 서원한 것이 있나요? 그 서원이 당신에게 어떤 도움이 되었나요?

**기도**

성적으로 구별되기 위해서 주님의 은혜가 간절히 필요하다는 간구와 눈의 언약을 맺을 수 있는 감동을 주님께 구해 보세요.

chapter 9

# 성경적인 서원

너희는 여호와 너희 하나님께 서원하고 갚으라 (시 76:11).


서원에 대해 쉽게 얘기하지 않는 기독교 공동체에 속한 사람들에게 눈의 언약은 생소한 용어일 것이다. 그래서 좀 더 포괄적인 질문인 "성경적인 서원은 무엇인가?"를 다루고 시작하겠다.

나는 이 책에서 서원을 이렇게 정의했다.

서원은 말이나 문서로 이루어지는 언약으로 절대 위반하면 안 되며 위반 시 그에 따른 대가를 치른다.

혼인 서약은 훌륭한 예다. 서약 없는 결혼은 무의미하다. 혼인 서약과 함께라면 결혼은 정말 아름다운 것이다. 신랑과 신부는 평생 서로에게 충실할 것을 약속한다. 만약 어느 한쪽이 서약을 깰 경우(간음), 견디기 힘든 고통스러운 대가가 따를 것이다.

성경에서 서원은 결혼뿐만 아니라 다른 여러 상황에서도 사용된다. 올바르고 현명한 방법으로 서원하기 위해 성경에 서원이 어떻게 성립되었고 지켜졌는지 살펴보기로 하자. 성경에는 서원에 대한 두 개의 포괄적인 범주, 즉 조건적 서원과 무조건적 서원이 있다.

## 조건적 서원

간단하게 말해서 조건적 서원의 개념은 "하나님, 만일 이렇게 해주시면, 제가 이렇게 하겠습니다"이다.

하나님께 조건적 서원을 한 사람들 중에는 야곱, 입다, 한나가 있고 아마 바울도 포함될 수 있을 것이다. 하나님께서 그들의 기도에 응답하시면 서원한 것을 지켜야 한다. 하지만 하나님께서 그들의 기도에 응답하지 않으신다면 자신의 서원을 지킬 의무에서 벗어나게 된다.

구약에는 서원제사라고 불리는 제사가 있다(레 7:16, 시 66:13-15). 서원을 갚기 위해 드려지는 제사다. 누군가가 "하나님께서 제가 구하는 것을 들어주신다면, 예루살렘으로 올라가 특별한 제사를 드리겠습니다"라고 기도했다고 가정하자. 하나님께서 그의 간구를 들으셨다면 그 사람은 하나님께 서원제사를 드릴 의무가 생긴다.

요나의 서원은 조건적이었을 것이다(욘 2:9). 우리가 확실히 알 수는 없지만, 요나서를 읽어보면 그의 서원이 "하나님, 저를 이 물고기 뱃속에서 구해 주시면 제가 하나님의 말씀을 니느웨에 전하겠습니다" 였을 거라고 짐작해 볼 수 있다.

여러 주장과는 달리 하나님께 조건적 서원을 하는 것은 성경적이다.


## 무조건적 서원

무조건적 서원은 그 어떤 상황이 발생해도 꼭 지켜야 한다.

야곱이 요셉에게 자신을 가나안 땅에 장사지낼 것을 맹세하게 했을 때, 요셉은 그 어떤 변수가 있을지라도 그 맹세를 지킬 것을 약속했다(창 50:4-6). 바로의 허락과 상관없이 요셉은 그렇게 할 것을 맹세했다. 이것은 무조건적 서원이다.

하나님께 조건적 서원을 하는 것은 성경적이다.

결혼은 무조건적 서원이다. 서로에게 "살아가면서 무슨 일이 있어도 저는 당신만 바라보겠습니다. 기쁠 때나 슬플 때나, 병약할 때나 건강할 때나 당신 곁을 지키겠습니다"라고 약속하는 것이다.

나실인의 서원도 무조건적 서원이다. 그 무엇도 서원을 취소하거나 무효화할 수 없다.

어떤 사람들은 성막에서 특정 기간 동안 사소한 업무를 하는 것으로 레위인을 돕겠다는 헌신을 서원한다(레 27:2). 여기에 그 어떤 조건도 없다. 그들은 그저 서원한 대로 할 뿐이다.

다윗과 요나단은 그 어떤 조건도 없이 충실한 벗으로 남겠다는 언약을 맺었다. 이것은 평생 지킬 무조건적 언약이었다(삼상 18:3, 23:18, 삼하 21:7).

에스라 10장을 보면 이스라엘 백성은 이방인 아내를 내보내겠다는 언약을 하나님과 맺는다. 그들은 무조건적으로 이방인 아내를 내보내겠다고 약속한 것이다.

성경적인 서원에 조건적 서원과 무조건적 서원이 있다는 이해를 가지고 몇 가지 구체적인 사례를 살펴보겠다. 구약시대 때 서원은 율법보다 앞서고 그리스도가 오신 후에도 한 것을 볼 수 있다.

## 야곱의 서원

야곱이 서원하여 이르되 하나님이 나와 함께 계셔서 내가 가는 이
길에서 나를 지키시고 먹을 떡과 입을 옷을 주시어 내가 평안히 아
버지 집으로 돌아가게 하시오면 여호와께서 나의 하나님이 되실
것이요 내가 기둥으로 세운 이 돌이 하나님의 집이 될 것이요 하나
님께서 내게 주신 모든 것에서 십분의 일을 내가 반드시 하나님께
드리겠나이다 하였더라(창 28:20-22).

야곱의 기도에 '하시오면'이라는 조건부가 붙은 것을 보면 그의
서원이 조건적이라는 것을 알 수 있다. 간단히 말해서 야곱은 "하
나님, 만일 하나님께서 하란을 방문하는 여정 가운데 저를 보호하
시고 평안히 아버지 집으로 돌아오게 하신다면 하나님은 제 하나
님이 되시고 하나님께서 제게 주시는 소유의 십분의 일을 드리겠
습니다"라고 한 것이다.

하나님께서는 그의 서원을 들으시고 그를 보호하셨다. 그리고
야곱은 자신이 한 약속을 지켰고, 세겜에 제단을 쌓는 것으로 그

서원을 갚았다(창 33:20).


## 입다의 서원

그가 여호와께 서원하여 이르되 주께서 과연 암몬 자손을 내 손
에 넘겨주시면 내가 암몬 자손에게서 평안히 돌아올 때에 누구든
지 내 집 문에서 나와서 나를 영접하는 그는 여호와께 돌릴 것이
니 내가 그를 번제물로 드리겠나이다 하니라(삿 11:30-31).

   하나님께서는 암몬과의 전쟁에서 이스라엘을 이기게 하셨다.
그리고 입다의 외동딸이 가장 먼저 나와 그를 환영할 때 입다는
딸을 사랑했기 때문에 절망했고 절규했다. 이것은 어리석은 서원
이었다(죄에 이르는 서원은 모두 어리석다). 비록 비극적인 서원이었지
만 입다는 자신의 서원을 갚았다.[7]

---

7. 짐 타터는 레위기 5장 4-6절을 가리킨다. "만일 누구든지 입술로 맹세하여 악한 일이든지
선한 일이든지 하리라고 함부로 말하면 그 사람이 함부로 말하여 맹세한 것이 무엇이든지
그가 깨닫지 못하다가 그것을 깨닫게 되었을 때에는 그 중 하나에 그에게 허물이 있을 것이
니 이 중 하나에 허물이 있을 때에는 아무 일에 잘못하였노라 자복하고 그 잘못으로 말미암
아 여호와께 속죄제를 드리되 양 떼의 암컷 어린 양이나 염소를 끌어다가 속죄제를 드릴 것

## 한나의 서원

서원하여 이르되 만군의 여호와여 만일 주의 여종의 고통을 돌보시고 나를 기억하사 주의 여종을 잊지 아니하시고 주의 여종에게 아들을 주시면 내가 그의 평생에 그를 여호와께 드리고 삭도를 그의 머리에 대지 아니하겠나이다(삼상 1:11).

한나는 조건적 서원을 하면서 기도했다.
"하나님 제게 아들을 주신다면, 제가 그 아들을 당신께 드리겠습니다."

한나의 서원은 아름다우면서도 놀랍다. 아들에 대한 절박한 갈망에 이끌려 그녀는 한 아이의 어미로써 하기 어려운 기도를 올려 드렸다. (그 어떤 어머니가 자기 자식을 하나님께 드리는 것을 원하겠는가?) 하지만 하나님께서는 이 서원을 기다리셨다. 한나에게 기적의 아들을 주시고 하나님께서는 사무엘을 기쁘게 받으셨다.

---

이요 제사장은 그의 허물을 위하여 속죄할지니라."
짐은 입다가 딸을 제물로 바치는 대신 자신의 죄에 대한 속죄제를 드렸을 수 있다고 주장한다. 하지만 사사시대에 모세의 율법은 잊혀졌기 때문에 입다는 이런 방법이 있다는 것을 몰랐을 것이다. 이런 제도가 있다는 것을 입다에게 알려줄 정도로 율법을 잘 아는 자가 없었다. 우리가 맺은 서원이 범죄에 이르게 한다면 그 어리석은 서원을 깨는 것이 낫다.

## 다윗과 요나단의 언약

이에 요나단이 다윗의 집과 언약하기를 여호와께서는 다윗의 대적들을 치실지어다 하니라 다윗에 대한 요나단의 사랑이 그를 다시 맹세하게 하였으니 이는 자기 생명을 사랑함 같이 그를 사랑함이 었더라(삼상 20:16-17).

이 우정에 담겨 있는 신의는 성경에서 빛나는 보석 중 하나다. 다윗은 요나단이 죽은 지 오래됐어도 이 언약을 지킬 수 있는 방법을 찾았다.


## 바울의 서원

바울은 더 여러 날 머물다가 형제들과 작별하고 배 타고 수리아로 떠나갈새 브리스길라와 아굴라도 함께 하더라 바울이 일찍이 서원이 있었으므로 겐그레아에서 머리를 깎았더라(행 18:18).

우리는 바울의 서원의 특징이 무엇이었는지 알지 못한다. 머리 깎는 것을 포함했기에 특정 기간 동안 구별되는 나실인 서원일 수도 있고, 고린도에서 경험한 환난 속에서 그가 이와 같은 조건적 서원을 했을 수도 있다.

"하나님, 저를 이 도시에서 보호해 주시고 이곳에서의 사역이 끝난 후 예루살렘으로 돌아갈 수 있게 해주신다면 제가 이렇게 하겠습니다."


## 서원과 결단의 차이

서원과 결단은 다르다. 서원은 가장 높은 단계의 결단이다. 결단은 의지를 굳게 정하는 것이고 단호함과 헌신을 포함한다. 하지만 서원은 더 중대하다. 이것은 언약이자 서약이자 약속이다. 서원은 더 높은 차원의 결단인 것이다.

> 서원은 더 높은 차원의 결단이다.

서원과 결단의 차이는 실패를 어떻게 다루는지에서 드러난다. 만일 당신이 무언가를 하겠다고 결단했지만 실패했을 때, 주님께 용서를 구하고 '삭제' 버튼을 누르고 다시 일어나서 앞으로 나아갈 수 있다. 하지만 서원을 지키지 못했다면 앞으로 무슨 일이 있을지 모르기 때문에 삶이 그 자리에서 멈추게 된다.

"하나님께서 도와주시면 제가 최선을 다하겠습니다." 이것은 결단이다. "신실하게 살겠습니다. 하나님, 도와주세요!" 이것은 서원이다.

서원은 실패의 여지를 남겨두지 않는다. 예를 들어 혼인 서약에는 "만일 이 서약을 깬다면 부디 저를 용서해 주세요"라는 문구가 없다. 결혼식 후에 그 누구도 배우자에게 "만일 제가 서약을 지키지 못하게 되면 우리 어떻게 할까요?"라고 묻지 않는다. 그런 질문 자체가 없다. 서약에는 실패했을 경우라는 부가적인 조항이 없기 때문이다.

혼인 서약은 진지한 것이다. 결혼을 앞둔 사람들은 스스로에게 '나는 진실로 이 서약을 지킬 준비가 되었는가?'라고 묻는다. 만일 당신이 서약을 지킬 수 있다는 확신이 없다면 결혼하면 안 된다.

어떤 헌신을 하려고 할 때 이것을 결단으로 해야 할지, 서원으로 해야 할지 확실하지 않다면, 일단 헌신도를 낮춰서 결단으로 하는 것이 좋다. 하나님께 하는 서원은 마음 가운데 이것을 해야만 된다는 완전한 확신이 있을 때 해야 한다.

성경적인 서원의 중요한 원칙은 다음과 같다.

## 어떤 서원은 결단 단계를 먼저 거친다

어떤 서원은 먼저 결단으로 시작한다. 하나님 앞에서 무언가를 결단하고 얼마 동안 결단을 실행하는 것이 어떤 느낌인지 미리 느껴 보는 것이다. 하나님께서 이 결단을 기뻐하셔서 지킬 수 있도록 은혜를 부어 주시는지 분별하는 시범 기간을 두는 것이다. 하나님과 함께 결단을 지키는 여정을 어느 정도 걷다 보면 자신감이 생긴다. '난 이것을 지킬 수 있다. 하나님께서 정말 도와주시는구나.'

대부분의 결단은 그 단계에 머물지만 종종 주님께서 우리의 결단을 서원의 높은 차원으로 올라오라고 초대하시는 경우도 있다.

> 감정적으로 흥분된 상태에서 평생 지켜야 할
> 서원을 성급하게 하지 말라.

난 개인적으로 이것을 체험했다. 서원하기까지의 과정을 거쳤다. 서원을 일시적 결정이나 제단으로의 초청(altar call: 사람들을 강단 앞으로 초청해서 결단하게 하는 시간)과 같은 순간적인 반응으로 한 적이 없다. 내 서원은 결단으로 시작했다가 나중에 성령님의 인도로 서원으로 올라갔다. 결단 단계에서 얻은 승리의 경험들을 통해 서원할 경우 하나님의 은혜가 이것을 가능케 하리라는 확신을 주었다.

야곱이 서원했을 때, 하나님께서 야곱에게 약속하시는 것에서 시작되었다. 야곱은 여기에 서원으로 응답했다. 이와 비슷하게 주님께서 나를 서원으로 초대하실 때마다 항상 특정 성경 구절과 관련이 있었다. 그 성경 구절은 내가 올바른 일을 하고 있다는 자신감을 주었다. 나는 그 말씀을 성령님의 지혜를 따르고 있다는 확증으로 꼭 붙잡았다. 그래서 서원하기 전에 하나님께 성경 구절이나 약속을 구할 것을 권장한다. 눈의 언약과 같은 경우 붙잡을 말씀은 욥기 31장 1절이다.


## 서원은 자원하는 것이다

신명기 23장 23절은 이 부분에 대해서 매우 분명하게 말한다.

"네 입으로 말한 것은 그대로 실행하도록 유의하라 무릇 자원한 예물은 네 하나님 여호와께 네가 서원하여 입으로 언약한 대로 행할지니라."

성경은 우리에게 서원하라고 명하지 않는다. 그래서 시편 76장 11절에서 "너희는 여호와 너희 하나님께 서원하고 갚으라"를 명령으로 보면 안 된다. 이 말씀은 우리에게 서원할 것을 권하지만 명령하지는 않는다.

더 나아가 신명기 23장 22절은 이렇게 설명한다.

"네가 서원하지 아니하였으면 무죄하리라."

이 구절은 당신이 평생토록 서원하지 않기로 결심해도 죄짓는 것이 아니라고 분명히 말하고 있다. 서원의 능력을 누리지는 못하겠지만 서원하지 않는 것은 죄가 아니다. 서원은 자발적인 것이다.


## 서원은 드물다


결단과 서원은 우리 삶에 등장하는 빈도의 차이다. 결단은 많지만 서원은 드물다. 결단이 얼마나 많은지 잘 보여 주는 사례를 조나단 에드워즈의 전기에서 그가 거룩한 삶을 위해 작성한 결심문을 찾아보라(인터넷에 조나단 에드워즈의 결심문을 검색해 보라). 시간을 투자할 가치가 있다. 결심문에는 총 70가지가 있는데 구별된 삶을 위한 결심이 하나같이 우리를 사로잡는다. 하지만 이것은 서원이 아니라 결단이다. 우리는 서원을 70개나 하지 않는다.

성경은 서원을 권고하지만 명령하지는 않는다.

서원은 진지한 것이다. 그래서 지극히 드물 수밖에 없고 귀한 것이다. 대다수의 성도가 평생토록 하는 서원은 손가락으로 꼽을 정도일 것이다.

## 성경은 서원을 권장한다

서원을 제대로, 즉 신중하게 성령님의 인도하심과 기도 가운데 현명하게 결정해서 한다면, 아름답고 은혜가 되며 충분히 추구할 만한 가치가 있다고 성경은 말한다.

너희는 여호와 너희 하나님께 서원하고 갚으라(시 76:11).

서원을 주께 이행하리이다(시 65:1).

네 하나님 여호와를 경외하며 그를 섬기며 그의 이름으로 맹세할 것이니라(신 6:13).

성경은 서원이 우리에게 유익하기 때문에 권장하는 것이다. 삼손은 머리카락에 대한 서원을 했다. 이 서원은 그가 이스라엘의 구속자로 섬길 수 있는 힘을 주었다. 불행하게도 그는 눈의 언약을 맺지 않았고 그로 인해 넘어졌다. 블레셋이 그에게 베푼 가장 큰 친절은 그의 눈을 파내는 것이었다. 그는 정욕과 욕망에 눈이 멀어서 눈을 잃었을 때 진정으로 볼 수 있었다.

> 삼손은 정욕과 욕망에 눈이 멀어서
> 눈을 잃었을 때 진정으로 볼 수 있었다.

서원은 결혼이라는 신성한 관계를 보호하기 때문에 유익하다. 만일 간음의 유혹과 마주할 때, 서원은 우리의 행동을 주장하고 혼인 서약을 보호한다.

동일한 방법으로 서원은 성적 구별됨의 추구에 유익하다. 성적인 죄의 유혹과 마주할 때, 눈의 언약은 우리의 행동을 주장하고 우리의 순결을 보호한다. 하나님께서 우리가 서원하는 것을 권장하시는 이유는 하나님 또한 서원하시기 때문이다(신 7:8, 12 참조). 하나님께서 언약의 하나님이 아니셨더라면 당신과 나는 어려움에 처해 있을 것이다. 예수 그리스도 안에서 우리와 맺으신 언약에 감사해야 한다. 서원은 하나님의 성품이다.

서원은 하나님과의 깊은 친밀감에 이르는 통로다. 하나님께서 그분의 말씀을 내게 주시고 나는 그분께 내 다짐을 말씀드린다. 하나님께서 나와 언약을 맺으시고 나도 그분과 언약을 맺는다. 하나님께서 내게 약속하시고 나도 그분께 약속드린다. 이렇게 주고받는 관계는 매우 복되고 친밀하다.

## 서원은 잠정적이거나 평생일 수 있다

성경의 많은 서원은 특정 기간 동안 유지되었다. 예를 들어 나실인은 주님께 특정 기간을 서원했다(민 6장). 물론 예외도 있다. 삼손의 나실인 서원은 평생 지속되었다(삿 13:5). 사무엘과 세례 요한도 평생 유지되는 나실인 서원을 한 것 같다(삼상 1:11, 눅 1:15). 하지만 대다수의 나실인 서원은 잠정적이었다.

서원에 조건을 내걸었을 경우, 그리고 그 조건들이 충족되었을 때 그 서원을 갚음으로 마치는 경우도 있다. 한나의 서원이 이 같은 경우다. 실로에서 사무엘을 주님께 드렸을 때 그녀는 자신의 서원을 갚았다(삼상 1:24-28).

당신의 서원을 평생 동안 유지할 필요는 없다. 원한다면 특정기간 동안 서원할 수 있다. 이 원칙은 눈의 언약을 이행하는 실용적인 방법으로 중요한 요소다.

## 서원은 반드시 지켜야 한다

하나님께서는 그분의 언약을 지키시고 우리도 그러하리라 기대하신다. 언약과 맹세를 지키시고 약속을 성취하시는 하나님을 섬기는 것이 얼마나 기쁜 일인지 모른다. 하나님께서 아브라함과 언약을 맺으실 때(창 15장), 하나님은 그 언약을 취소할 수 있는 여지를 남겨 두지 않으셨다. 이 언약은 오늘도 유효하다. 나는 하나님께서 여전히 아브라함과 언약을 맺고 계시다는 사실이 너무 좋다. 이것은 하나님께서 내게도 동일하게 대하실 것이라는 확신을 주기 때문이다. 하나님께서 약속하시면 끝까지 그 말씀을 이루시고 책임지신다.

하나님께서는 서원을 하고 깨는 일이 없다.

성경 최고의 언약은 하나님께서 그분의 독생자와 맺으신 언약이다. 하나님은 우리 주 예수님에게 놀라운 약속들을 하셨다. 하나님께서 예수님께 "내게 구하라 내가 이방 나라를 네 유업으로 주리니 네 소유가 땅 끝까지 이르리로다"(시 2:8)라고 선포하셨는데 우리가 이 말씀을 통해 확실히 알 수 있는 것은, 예수님께서 땅 끝까지 이르러 모든 만민의 마음과 생각을 반드시 취하신다는 것이다.

하나님께서는 서원을 하고 깨는 일이 없다. 이 사실은 우리 삶 가운데도 동일하게 적용된다. 그래서 서원은 매우 신중하고 떨리는 마음으로 해야 하고, 그렇기 때문에 우리가 하는 서원의 숫자는 적을 수밖에 없다.

떨리는 마음으로 임하는 서원의 특성은 이 책의 중심 메시지다. 두려움은 우리를 떨게 하지만 언약의 능력을 풀어놓기도 한다. 이제 이 책의 가장 중요한 주제인 여호와를 경외하는 마음을 살펴보겠다.

# 눈의 언약을 위한 나눔

탐구

성경에서 서원한 인물의 사례를 찾아보고 그들의 이야기와 느낀 점을 나누어 보세요.

나눔

서원에 대해 배운 것 중 제일 중요한 것을 소그룹과 나누세요. 서원과 결단을 구별해서 살펴보는 것이 도움이 되었나요?

기도

성령님께서 인도하시는 대로 하나님께 서원할 담대함과 자원하는 마음을 구해 보세요.

# chapter 10

# 주님을 두려워하는 마음과
# 경외하는 마음

그러므로 내가 그 앞에서 떨며 지각을 얻어 그를 두려워하리라 (욥 23:15).

성적 유혹을 뿌리칠 때 당신의 브레이크가 얼마나 강하게 작동되기를 원하는가? 유혹에 직면할 때 당신을 꼭 붙잡아 그 자리에서 즉시 멈추게 하는 브레이크를 원하는가? 만일 브레이크를 원한다면 당신은 강력한 무엇인가를 해야 한다. 그것은 눈의 언약을 맺는 것이다.

나는 유혹과 직면할 때 심장이 몸 밖으로 튀어나올 것 같은 경보음이라도 울렸으면 좋겠다. 경고등이 번쩍이고 마음속에서 큰소리로 내게 이렇게 외쳤으면 좋겠다.

"안 돼, 난 이것을 절대 볼 수 없어. 하나님의 임재 안에서 눈의 언약을 맺었단 말이야. 전능하신 하나님께 이런 것들을 보지 않겠다고 서원했고 그것을 깨기에는 하나님을 두려워하는 마음이 커. 하나님은 두렵고 소멸하시는 불이셔, 그분은 질투의 하나님이셔. 그분의 심판을 받을 생각에 두렵고 떨려! 사탄아, 내 뒤로 물러가라!"

이 두려움이 브레이크다. 브레이크는 죄의 결과에 대한 두려움이 아니라 하나님 자체에 대한 두려움이다.

당신의 육은 사실 정욕으로 보지 말아야 할 것들을 쳐다보고 싶어 한다. 하지만 당신은 너무 두렵기 때문에 그렇게 하지 않는다. 유혹이 당신을 찾아올 때 언약은 넘지 말아야 할 선 앞에서 갈등하지 않게 한다 이제 호기심으로 한 번 기웃거리는 것은 더는 가능하지 않다.

강한 브레이크는 가파른 벼랑을 지날 때 유익하다. 성적 타협의 낭떠러지가 얼마나 치명적인지 깨닫게 될 때, 우리는 제대로 작동하는 브레이크 시스템을 원하는 자신의 모습을 발견한다. 예비 신랑과 신부가 결혼식 날 언약을 원하는 것처럼 우리 또한 눈의 언약을 원한다. 혼인 서약을 예로 들겠다.

강한 브레이크는 가파른 벼랑을 지날 때 유익하다.

혼인 서약에는 두려운 면이 있다. 처음부터 두렵지는 않다.

결혼한다는 생각에 신날뿐이다. 하지만 당신을 기다리고 있는 혼인 서약을 보면 떨리기 시작한다. 생각해 보라. 평생 한 사람과 지낼 것을 약속한다는 것은 분명 쉬운 일은 아니다. 혼인 서약에 "네"라고 하는 순간 앞으로 살면서 무슨 일을 겪든 평생 그 약속에 묶이게 된다. "기쁜 날이든 슬픈 날이든" 함께하겠다고 약속할 때 과연 동행하는 삶이 기쁜 날이 될지 슬픈 날이 될지 모르기 때문에 두려워진다. 그래서 우리는 이런 질문을 할 수 있다. "내가 과연 옳은 선택을 했을까? 후회하게 되면 어떻게 하지?" 그리고 당신은 혼인 서약을 깰 경우, 그 대가가 어마어마하고 비극이라는 것을 잘 알고 있다. 그래서 이런 장래가 너무나도 무섭고 두려운 것이다.

> 예비부부는 다른 선택지로 향하는 문은 전부 닫아놓고
> 이 두려움 아래 들어서길 원한다.

그런데 여전히 사람들은 결혼을 한다. 왜 그럴까? 예비부부는 다른 선택지로 향하는 문은 전부 닫아놓고 이 두려움 아래 들어서길 원하기 때문이다. 그들은 사랑하는 사람을 찾았고 함께할 사람과 관련된 일 외에 다른 모든 교류가 중단되기를 원한다. 언약이 다른 사람에게 매력을 느끼는 것을 막지는 못하겠지만, 배우자

외에 다른 사람을 고려하는 것은 차단시킬 수 있다. 이런 절대적인 헌신을 이루어내는 유일한 방법은 서약뿐이다. 그들은 서약이 결혼생활의 불을 세게 타오르고 평생토록 지속되게 할 것임을 알기 때문에 기꺼이 맹세한다.

눈의 언약도 마찬가지다. 우리가 이 언약을 맺는 이유는 여호와의 경외함 아래 전략적으로, 의도적으로 들어서길 원하기 때문이다. 이 언약이 우리를 철천지 원수인 죄에서 보호해 주기를 원한다. 지혜로운 사람은 이런 두려움을 피하지 않고 기꺼이 환영한다.

"보라 주를 경외함이 지혜요 악을 떠남이 명철이니라"(욥 28:28).

지혜는 경외함의 수준을 높여 준다. 당신이 할 수 있는 가장 현명한 선택 중 하나는 삶 속에 하나님에 대한 경외함에 불을 지피는 것이다.


## 서원이 두려운 이유

눈의 언약이 왜 그토록 두려운지에 대한 다섯 가지 이유다.

첫째, 이 언약은 우리의 성(性)과 관련되어 있기 때문이다. 이 영역은 죄로 가득한 우리 내면의 상함과 연약함을 가장 예민하게 느낄 수 있는 부분이다. 우리 삶 속에 이와 비슷한 수준의 패배, 답답함, 수치심을 느끼는 영역이 있는가? 아마도 없을 것이다. 그렇다면 우리의 가장 큰 실패로 얼룩진 영역을 놓고 하나님께 서원하길 원하는 이유는 무엇인가? 그 생각 자체만으로도 두렵다.

둘째, 눈의 언약이 왜 그토록 두려운지에 대한 이유로 이어진다. 우리의 나약함을 알기 때문에 성의 영역에서 이 언약을 육의 힘이나 의지로 지킬 수 없다는 것을 깨닫게 된다. 우리는 철저하게 무기력하다. 서원을 지킬 수 있는 유일한 방법은 매일 매 순간 그분의 힘과 은혜를 의지하는 것이다. 하나님을 그 정도로 신뢰한다는 것은 사실 두렵기까지 하다.

셋째, 이 언약을 맺는 상대편에 계신 분 때문이다. 우리는 우매한 자들을 기뻐하지 않는 전능하신 하나님, 만군의 여호와, 하늘과 땅의 창조주 앞에 약속하는 것이다. '제 눈이 이 선을 넘어서지 않겠습니다'라는 고백은 사람들에게 하는 것이 아니라 하나님께 하는 것이다. 이것을 깬다는 것은 천지를 다스리시는 전능하신 주님과 맺은 언약을 깨는 것이다. 하나님을 경히 여기고 후회하지 않을 자가 있겠는가?

넷째, 서원은 실패의 여지를 남기지 않는다. 결혼도 마찬가지다. 혼인 서약에는 "배우자가 불륜을 저지르면 용서하겠습니다"라는 조항이 없다. 이처럼 눈의 언약도 "만일 제가 실수하면 회개하겠습니다"라고 말하지 않는다. 오히려 그 언약을 신실하게 지키겠다고 약속할 뿐이다. 결단의 단계에서 몸이 실수할 수 있는 여지가 조금 남아 있다. 그러면 우리는 회개하고 그리스도의 씻기심을 받고 다시 일어서서 전진한다. 이것을 계속 반복한다. 하지만 서원은 이것을 한 단계 더 높여 준다. 서원은 실패가 더 이상 고려 가능한 선택지가 아니라고 말한다. 서원의 제약은 당신을 세상과 구별되게 만든다.

다섯째, 성경은 우리의 서원을 철회하는 것을 허락하지 않는다. 서원한 후 생각이 바뀌었다고 취소할 수는 없다. 한번 서원한 것은 그 효력이 있는 한 지속된다. 아래의 말씀에서 볼 수 있듯이 서원은 구속력이 있다.

> 사람이 여호와께 서원하였거나 결심하고 서약하였으면 깨뜨리지 말고 그가 입으로 말한 대로 다 이행할 것이니라(민 30:2).

> 네 하나님 여호와께 서원하거든 갚기를 더디하지 말라 네 하나님 여호와께서 반드시 그것을 네게 요구하시리니 더디면 그것이 네게 죄가 될 것이라 네가 서원하지 아니하였으면 무죄하리라 그러나 네 입으로 말한 것은 그대로 실행하도록 유의하라 무릇 자원한 예물은 네 하나님 여호와께 네가 서원하여 입으로 언약한 대로 행할

지니라(신 23:21-23).

너희는 여호와 너희 하나님께 서원하고 갚으라 사방에 있는 모든 사람도 마땅히 경외할 이에게 예물을 드릴지로다(시 76:11).

네가 하나님께 서원하였거든 갚기를 더디게 하지 말라 하나님은 우매한 자들을 기뻐하지 아니하시나니 서원한 것을 갚으라 서원하고 갚지 아니하는 것보다 서원하지 아니하는 것이 더 나으니(전 5:4-5).

너무 중요한 말씀이다. 하나님 앞에서 눈의 언약을 맺는 것의 중요함을 이해하면 당신은 온 몸이 떨릴 것이다. 이것이 주를 경외함이다. 이것은 정결하며(시 19:9), 지혜로우며(잠 9:10), 보배로우며(사 33:6) 우리가 가야 할 유일한 길이다.

## 서원은 능력을 준다

서원은 두렵다. 하지만 측량할 수 없는 가치가 있다.

서원이 결혼 관계 속에서 아름답게 펼쳐지는 것을 볼 수 있다. 혼인 서약은 하나님의 임재 가운데 이루어지기 때문에 두려운 것이다. 하지만 하나님께서 적극적인 조력자가 되시기 때문에 매우 가치가 있다. 서원에 대한 책임을 우리에게 물으실 뿐만 아니라 지킬 수 있도록 도와주신다. 하나님은 정말 서원을 기뻐하신다. 그 자리에 개입하시고 우리와 동행하시고 서원을 신실하게 지킬 수 있도록 힘을 주신다. 심지어 악인이 혼인 서약을 할 때도 서원을 지킬 수 있도록 도와주신다. 당신이 서원할 때 하나님은 서약이 당신의 결혼생활을 북돋아줄 수 있도록 도와주신다.

눈의 언약도 마찬가지다. 언약은 하나님께서 개입하실 수 있는 통로다. 하나님은 언약을 기뻐하시기 때문에 개입하시고 당신의 마음을 인치 시고 지킬 수 있도록 은혜를 허락하신다. 예수님께 매달리는 절박한 의존이 새로운 차원의 친밀감과 사랑과 승리할 수 있는 능력을 불러일으킨다는 것을 깨닫게 된다. 올바른 방법으로 하나님과 눈의 언약을 맺는다면 당신의 신앙은 놀랍게 성장할 것이다.

눈의 언약을 맺는다면 당신의 신앙생활은 놀랍게 성장할 것이다.

우리는 인간적인 생각으로 '눈의 언약을 맺는 것이 두렵기 때문에 서원을 지키기 위해 열심히 노력해야겠다'고 다짐한다. 하지만 놀라운 것은 하나님께서 개입하시면 그 서원은 당신을 하나님 은혜의 샘으로 인도한다는 것이다. 언약을 지키기 위해 자신을 혹사시키거나 노력하는 대신, 지킬 수 있도록 성령의 능력을 힘입는 자신의 모습을 발견할 수 있다. 눈의 언약을 지키려는 당신의 열심보다 그것을 지키기 위한 하나님의 열심이 더 크다는 것을 알게 될 것이다.

마리아가 말한 것처럼 "긍휼하심이 두려워하는 자에게 대대로 이르는도다"(눅 1:50). 당신의 서원 때문에 두려워 떨고 있다면 하나님 긍휼의 샘물이 당신의 눈을 오직 그리스도께 둘 수 있도록 도와줄 것이다.

하나님은 그분의 두려움을 불러일으키는 순수한 도전에 기쁨으로 반응하신다. 말씀을 통해 하나님을 경외하는 자들에게 축복을 약속하신다고 반복해서 말씀하신다. 그들을 도우시고(시 115:11), 건강과 힘을 허락하시고(잠 3:7-8), 구원하시고(왕하 17:39), 영광과 생명을 주시고(잠 22:4), 장수하게 하시고(잠 10:27), 그들을 기뻐하시고(시 147:11), 영원한 인자하심을 보이시고(시 103:17), 그들의 소원을 이루신다고(시 145:19) 약속하셨다.

"주님, 이 두려움이 무릎과 손바닥이 땅에 닿게 할 정도로(단 10:10) 제 영혼을 사로잡게 하소서."

순결함과 구별됨을 추구하는 여정 속에 하나님께서 개입하실 수 있도록 초대하라. 눈의 언약을 맺고 하나님을 두려워하는 사람들에게 부어 주시는 긍휼과 은혜에 접속하라. 당신의 서원은 당신을 두렵게 할 것이고, 힘을 주시고 도와주시는 성령님의 손길은 당신을 기쁘게 할 것이다.


## 서원을 깨면 무슨 일이 벌어지나요?

연약한 우리는 이 질문의 답을 알고 싶어 한다.

"내가 실패한다면 그 후에 무슨 일이 벌어질까?"

두려운 부분은 바로 이것이다. 그 누구도 살아 계신 하나님(히 10:31)의 손에 넘겨질 때 무슨 일이 벌어질지 예측할 수 없다는 것이다. 소멸하는 불이신 질투의 하나님이시다(출 34:14, 히 12:29).

하나님과의 언약을 깨는 것은 배우자와의 언약을 깨는 것과 동일하게 작용한다. 당신이 외도를 하면 당신 자신을 배우자의 손에 넘겨주게 된다. 당신의 배우자는 원하는 방식으로 당신을 다룰 권리가 있다. 이혼을 요구할 수도 있고, 별거를 요구할 수도 있고, 당신을 용서하고 결혼생활을 지키기 위해 노력할 수도 있다. 결정권은 배우자에게 있다. 불륜은 배우자를 운전석에 앉게 해서 그가 원하는 대로 당신을 다루게 만든다.

하나님과도 마찬가지다. 하나님과 맺은 언약을 깨면 그분의 방식으로 반응하실 수 있다. 당신을 벌하거나, 고통을 주거나, 책망하거나, 종아리를 때리거나 혹은 당신의 회개를 받아들이고 아무 일도 일어나지 않은 것처럼 대하실 수도 있다. 당신이 맺은 언약은 언약을 어긴 행동에 대해 그분께 전권을 위임하는 것이다.

하나님과 맺은 언약을 깨면 그분의 방식으로 반응하실 수 있다.

이런 자리로 들어서는 것을 결코 추천하고 싶지 않다. 언약의 경계선을 시험하지 마라. 하나님과 언약을 맺었으면 꼭 지켜야 한다.

## 언약을 어긴 자들을 다루시는 하나님

그 누구도 당신이 서원을 깼을 때 하나님께서 어떻게 반응하실지 알 수 없다. 그러나 구약시대 사람들에게 어떻게 반응하셨는지 살펴볼 수는 있다. 정신이 번쩍 들게 만드는 몇 가지 예를 들겠다.

## 아간

하나님은 아간의 죄를 언약을 어긴 죄라고 하셨다(수 7:11). 하나님은 이스라엘 백성에게 여리고의 전리품을 하나도 건드리지 말고 전부 태워서 번제로 바치라고 명령하셨다. 하지만 아간은 그중 일부를 훔쳐서 그의 장막에 묻어두었다. 이 행동은 하나님을 크게 진노하게 했다. 아래의 말씀에서 알 수 있듯이 하나님은 이것을 언약을 어긴 것으로 보셨다.

> 온전히 바친 물건을 가진 자로 뽑힌 자를 불사르되 그와 그의 모든 소유를 그리하라 이는 여호와의 언약을 어기고 이스라엘 가운데에서 망령된 일을 행하였음이라 하셨다 하라(수 7:15).

언약을 깬 아간에 대한 처벌은 무엇인가? 아간과 그의 자녀들은 돌로 치고 가축은 불로 태워졌다. 그와 그가 소유한 모든 것 위에 돌무더기를 쌓았다(수 7:24-26). 하나님께서 언약을 깨는 자에게 어떻게 대응하시는지를 보여 주는 참담한 예다.


## 삼손

삼손은 하나님 앞에서 나실인의 서원을 했고, 서원 조건 중 하나는 그가 절대로 머리카락을 자르면 안 된다는 것이었다. 하지만 그는 이 비밀을 들릴라에게 털어놓는 실수를 범했다. 그가 자는 동안 들릴라는 삼손의 머리카락을 잘랐고 그는 초자연적인 힘을 잃고 평범한 사람으로 돌아갔다.

블레셋 사람들은 그의 눈을 파내고 감옥에서 맷돌 돌리는 자로 삼았다. 그의 사역은 중단되었고 그는 블레셋 사람들의 조롱과 학대의 대상이 되었다. 삼손은 서원을 어겼고 진정으로 많은 값을 지불해야 했다.

## 예루살렘

예레미야는 예루살렘이 하나님과 언약을 맺고 깬 대가를 전한다.

예루살렘에서 히브리 노예를 억압하는 것은 흔한 일이었다. 시드기야와 유다 백성은 하나님과 희년을 지키겠다는 언약을 맺었다. 희년이 명하는 것은 모든 히브리 노예를 풀어주는것이었다.(렘 34:9). 하지만 나중에 그들은 생각을 바꾸고 노예를 다시 불러 들였다(렘 34:10-11).

맺은 언약을 어겼을 때 하나님의 진노의 대가는 참담했다. 하나님은 그들을 칼과 전염병과 기근에 넘기겠다고 하셨다. 그들의 원수인 바벨론의 손에 넘기셨고, 바벨론은 예루살렘을 불사르고 유다의 성읍들을 완전히 파괴했다(렘 34:17-22). 언약을 깬 대가는 끔찍하다.

아간, 삼손, 예루살렘의 이야기에서 우리는 하나님께서 언약을 어기는 자들을 단호하게 다루신다는 것을 볼 수 있다. 하지만 성경은 하나님께서 언약을 어기는 자들에게 놀라운 긍휼을 베푸시는 경우 또한 기록하고 있다. 대부분의 경우 하나님 백성이 하나님을 신실하게 섬기지 않을 때 그들에게 돌아오라고 애원하셨고, 언약을 깬 백성을 다시 품으시려는 마음을 지속적으로 보여 주셨다. 호세아서는 언약을 어긴 백성을 사랑하고 회복하시겠다는 하나님의 긍휼하심을 보여 준다. 에스라 10장 1-3절에서 하나님과의 언약을 깬 후에 일어난 일을 볼 수 있다. 이스라엘 백성이 하나님께 돌아왔고 새롭게 언약을 맺었다.

하나님은 인자하시며 준엄하시다(롬 11:22). 어떻게 반응하실지는 전적으로 그분의 선택이다. 성경은 우리가 서원을 어길 때 하나님께서 어떻게 하실지 예측할 수 없다는 것을 말한다. 언약을 깰 경우 어떻게 해야 하는가? 당신의 어리석음을 깨닫고 두려워하라. 하나님 앞에 엎드려서 그분의 긍휼을 구하라.

여기서 우리는 이런 결론을 내릴 수 있다. 하나님과 언약을 맺으면 반드시 지켜야 한다.


## 비용을 계산하라

눈의 언약을 맺기 전에 먼저 이득과 손실을 따져보아야 할 것이다. 스스로에게 질문해 보라.

'이 언약을 끝까지 이행하고 지킬 준비가 되었는가?'

함부로 이 물건은 거룩하다 하여 서원하고 그 후에 살피면 그것이
그 사람에게 덫이 되느니라(잠 20:25).

결혼을 앞둔 신랑과 신부는 혼인 서약 전에 다른 준비보다 그들
이 맹세하고자 하는 서원을 신실하게 이행할 준비가 되었는지를
점검해야 한다.

"내가 이 사람을 신실하게 사랑하고 다른 사람을 마음에 품지
않을 준비가 되었는가?"

예비부부는 비용을 계산한다. 눈의 언약도 마찬가지다. 이 언약
을 지킬 충분한 역량이 되었는지, 우리는 비용을 계산해야 한다.

우리는 순전히 자신의 의지만으로는 눈의 언약을 지킬 수 없다.
그리스도와 그분의 은혜에 전적으로 의존해야 한다는 것을 알고
있다. 그리스도께서 우리에게 서원하게 하신다면 그것을 지킬 수
있는 은혜 또한 주실 것이다. 하지만 먼저 우리가 행해야 하는 부
분이 있다. 주님은 우리에게 은혜를 베풀어 주시지만 우리는 의지
를 드려서 눈을 다스려야 한다. 그리스도께서 우리 몫을 대신 하
실 수 없다. 우리를 대신해 우리의 머리나 눈을 움직이지는 않는
다. 그 부분은 우리가 해야 한다.

그렇기 때문에 비용과 대가를 고려해야 한다. 자기 자신에게 물
어보아라.

'특정 매체나 특정 방송을 더 이상 시청하지 않을 준비가 되었는가?'

이것은 우리가 접하는 음악, 영상, 컴퓨터, 즉 모든 것에 영향을 미친다. 만일 시작한다면 온전히 지킬 마음의 결단이 준비되었는가? 예수님의 말씀을 읽어보자.

> 너희 중의 누가 망대를 세우고자 할진대 자기의 가진 것이 준공하기까지에 족할는지 먼저 앉아 그 비용을 계산하지 아니하겠느냐 그렇게 아니하여 그 기초만 쌓고 능히 이루지 못하면 보는 자가 다 비웃어 이르되 이 사람이 공사를 시작하고 능히 이루지 못하였다 하리라(눅 14:28-30).

자기 자신에게 물어라.

'하나님 앞에서 눈의 언약을 맺을 중요한 결단을 내릴 준비가 되었는가?'

그리고 또 물어라.

'하나님 앞에서 눈의 언약을 맺지 않고 견딜 수 있는가?'

만일 하나님의 은혜에 힘입어 끝까지 이 언약을 지킬 수 있는 결단을 내릴 준비가 되었다면 그렇게 하는 것이 유익하다.

누군가는 이렇게 말할 수 있다.

"이 영역에서 많은 실패를 했습니다. 만일 눈의 언약을 맺는다면, 이번은 확실히 다르다는 걸 어떻게 알 수 있나요?"

중요한 질문이다. 시간을 들여서 깊게 생각하고 성령님께 여쭈어 보아라.

"눈의 언약을 맺을 수 있는 은혜를 베풀고 계신가요?"

만일 당신이 하나님의 은혜를 받았다면 하나님을 신뢰해야 한다.


## 당신은 하나님을 얼마나 두려워하는가?

하나님의 거룩함, 위엄, 능력, 공의와 질투의 임재 앞에서 떨고 있는가? 그래야 한다. 하나님은 소멸하는 불이시다(히 12:28-29).

하나님께서는 죄를 벌하고 악인을 심판하며 자녀를 징계하는 하나님이시다. 그분을 두려워해야 한다. 만일 주님의 경외함 앞에 떨고 있지 않다면 눈의 언약을 맺지 마라.

다시 한 번 말한다. 만일 주님의 경외함 앞에 떨고 있지 않다면 눈의 언약을 맺지 마라. 눈의 언약을 맺는 목적은 유혹의 순간에 당신을 완전히 멈추게 할 만큼 두려움을 갖게 하는 것이다.

> 만일 주님의 경외함 앞에 떨고 있지 않다면
> 눈의 언약을 맺지 마라.

가벼운 마음으로 아무 두려움 없이 눈의 언약을 맺은 후에 진정으로 하나님을 경외하지 않음으로 언약을 깨는 일을 절대로 하지 말아야 한다.

눈의 언약을 맺는 것은 당신의 온 몸을 떨게 하는 것이다. 눈의 언약이 당신의 뼛속까지 떨리게 만들어야 한다. 하나님과 언약 맺는 것의 무게를 알기 때문이다.


## 더 구하라

고린도후서 7장 1절은 "하나님을 두려워하는 가운데 거룩함을 온전히 이루는" 것에 대해 말한다. 하나님을 두려워하는 거룩함을 우리가 이루어 나가야 한다는 것이다. 만일 당신의 영혼에 하나님을 경외함이 더욱 더 임하길 원한다면 더 구하라. 하나님은 이 두려움에 대해서 더 가르치시길 원하신다(시 34:11).

만일 하나님의 경외함을 체험하지 못했다면 그것을 위해 기도하라. 정결하고 영원까지 이르는 여호와를 경외하는 도에 눈이

열리는 것보다 더 현명한 것이 있겠는가?(시 19:9)

하나님을 경외함에 눈이 뜰 수 있도록 기도하라.

나의 경우 하나님을 경외함에 눈 뜨게 된 것은 하나님께서 나를 책망하셨을 때다. 히브리서 12장 11절을 통해 그분의 징계가 힘들다는 것은 알고 있었지만, 실제로 얼마나 고통스러울지 전혀 몰랐다. 고통스러운 목소리 질환으로 나를 징계하셨을 때 그것을 비로서 알게 되었다. 징계의 손으로 부드럽게 만지셨을 때 내 영·혼·육 가운데 큰 충격으로 울렸다. 그것은 너무 무서웠다. 하지만 매우 영광스러웠다. 하나님께서는 나를 전례 없는 친밀감과 거룩함 속으로 이끄셨다(히 12:10). 계시의 영을 통해 지금껏 보지 못했던 예수님의 모습을 보기 시작했다. 그 체험은 고통스러웠지만 그분을 경외하는 마음으로 세례를 주신 것에 감사한다.

하나님을 경외하는 마음을 부어 주시는 것은 하나님의 친절이다. 하나님의 친절은 우리를 지키고 우리가 가지 말아야 할 곳으로 가지 못하게 막으며, 우리를 보호하며 인도하신다. 이것을 더욱 간절하게 구해야 한다.

## 작은 실수에 대처하는 법

언약을 깨는 것과 소위 '작은 실수'에는 차이가 있다. 결혼생활에 비유해 설명하면, 내가 아내에게 이렇게 말한다고 가정해 보자.

"여보, 오늘 다른 여자에 대해 음란한 생각을 하는 유혹을 받았어요. 당신이 나와 함께 기도하면 좋겠어요."

이건 작은 실수다. 내 아내는 이 문제를 놓고 나와 함께 기꺼이 기도할 것이다. 그러나 이렇게 말하는 것은 전혀 다르다.

"여보, 어젯밤에 다른 여자와 잠자리를 가졌어요. 나를 용서해 주세요."

이것은 작은 실수가 아니라 언약을 어긴 것이다. 내 아내는 혼인 서약을 어긴 것을 놓고는 기도하지 않을 것이다. 이것이 실수와 위반의 차이다.

만일 당신이 눈의 언약을 맺은 뒤 선정적인 음란물을 다시 보기 시작했다면 나는 당신에게 딱히 뭐라고 조언해 줄 수가 없다. 당신은 위태로운 상황에 처해 있다. 이것은 하나님과 해결해야 한다. 반석 위에 엎드려 긍휼을 베풀어 달라고 구해야 한다. 하지만 실수를 했다면 그것은 다르다. 이 경우에는 조언을 해줄 수 있다.

눈의 언약을 맺은 후 삶의 여정 가운데 여기저기서 실수를 만나게 될 것이다. 여기서 말하는 '실수'는, 마트 계산대 앞에 진열된 자극적인 잡지 표지에 자꾸 시선이 가지만 즉시 눈길을 돌렸다고 가정하자. 그때 갑자기 이상한 생각이 당신의 머리를 사로잡는다. 당신이 설명할 수 없는 이유로 머리가 다시 잡지 진열대로 돌아가고 그 표지를 다시 쳐다본다. 찰나의 시선이지만 두 번째 시선이다. 이것은 실수고 위법이다. 언약 안에서 허락되지 않은 것이지만 연약한 육체로 인해 다시 한 번 쳐다본다. 이제 어떻게 해야 하는가? 빨리 회개해야 한다.

"주님, 죄송합니다. 용서해 주세요. 제가 두 번 쳐다봤다는 사실이 싫습니다. 다시는 그러고 싶지 않습니다. 저를 용서해 주시고 제가 다시는 그런 실수를 하지 않도록 도와주세요. 보혈로 깨끗하게 씻어 주시고 승리할 수 있는 힘과 은혜를 주시길 간절히 기도합니다."

이것은 실수다. 당신은 실수를 후회하고 극복하겠다는 마음의 결단을 해야 한다. 하나님께서 당신을 용서하시고 앞으로 나갈 수 있도록 도와주실 것이다.

하나님은 사소한 위반을 처벌하려고 감독하시는 분이 아니다. 오히려 그 반대다. 당신이 맺은 언약을 심히 기뻐하시는 하나님은 당신에게 마음을 빼앗기신 연인이시다(아 4:9). 당신의 헌신과 구별된 삶을 살려는 노력에 감동하신다.

당신이 맺은 언약에 대해 심히 기뻐하시는 하나님은
당신에게 마음을 빼앗기신 연인이시다.

주님은 당신이 승리할 수 있도록 힘을 부어 주시길 원하신다. 실패의 기록을 보관하지 않으시고 모든 행동을 평가하는 법률적인 기준을 적용하지도 않으신다. 하나님은 당신을 위하시며(롬 8:31) 당신이 마음을 다하는 순종과 승리할 수 있는 자유의 자리에 들어설 수 있도록 돕기 원하신다.

실수로 인한 정죄 대신에 그것이 얼마나 당신을 후회하게 만드는지에 대해 격려를 받아들이고 더 높은 차원에 들어서길 원하는 당신의 열정에 기뻐하라.

언약을 맺고 전진하는 과정에서 실수를 했을 때 사랑하는 분이 당신에게 뭐라고 말씀하시는지 읽어 보길 바란다.

"너울 속에 있는 네 눈이 비둘기 같고"(아 4:1).

당신의 눈이 예수님만 바라보기 때문에 비둘기의 눈이라고 말씀하신다. 당신은 오직 예수님만 바라보고 당신이 원하는 것은 오직 예수님뿐이다. 이미 당신의 마음을 영원히 그분께 내어 드렸다.

비둘기는 사랑꾼이다. 그들은 항상 쌍으로 붙어 다니며 평생을 함께하며 모든 것을 같이 한다. 이것은 그리스도와의 관계를 묘사한다. 그분께서 가시는 곳에 당신도 함께 간다. 그분과 당신은 항상 서로를 바라보고 있는 떼어놓을 수 없는 한 쌍의 비둘기다. 하지만 '너울 속에' 있다고 말씀하신다.

"너울 속에 있는 네 눈이 비둘기 같고."

너울은 당신의 서원이다. 당신의 너울은 다른 것을 마음에 두지 않고 오직 예수님께 마음을 헌신하겠다는 서원이다. 너울을 통해서 서원을 바라본다면 당신의 눈은 오직 예수님께 약속된 눈으로 구별된다. 눈의 언약은 당신을 유혹하는 것을 거절하는 것에 그치지 않는다. 이 언약은 예수 그리스도의 아름다움과 영광에 눈을 고정하겠다고 고백하는 것이다.

눈의 언약은 하나님의 마음 깊은 곳을 움직인다. 당신의 눈을 그분께 고정할 때 하나님은 마음을 빼앗기신다. 당신의 마음에 다시 한 번 "너울 속에 있는 네 눈이 비둘기 같고"라고 말씀하시도록 내어 드려라.

# 눈의 언약을 위한 나눔

탐구

여호와를 경외함에 대한 성경공부 후에 제일 인상 깊었던 성경 구절을 나누어 보세요.

나눔

우리 자신을 의도적으로 주님을 두려워하는 자리에 두는 것에 대해 이야기해 보세요. 이것이 현명하다고 생각하나요? 언약 위반과 실수의 차이에 대해 서로 얘기해 보세요.

기도

주님을 두려워하는 마음이 커질 수 있도록 소그룹의 형제자매들과 함께 기도하세요.

회개하라. 예수님의 보혈이 당신의 순결을 회복시키실 것이다. 눈의 언약을 맺어라. 그리고 요한계시록 14장에 등장하는 더럽히지 아니한 순결한 자의 세대를 일으키는 데 동참하라. 하나님은 이전 세대보다 더 구별되며 더 많은 일을 행할 마지막 세대를 일으킬 계획을 가지고 계신다. 당신은 이 세대의 영적인 아버지와 어머니가 될 수 있다. 이 세대에게 눈의 언약을 맺으라고 도전할 유일한 방법은 당신이 먼저 이 언약을 맺는 것이다.

실제로
어떻게 눈의 언약을 맺는지
보여 줄 것이다.

part 4

# 언약을 맺다

# chapter 11

# 남자들이 눈의 언약을
# 맺어야 하는 이유

그러므로 각처에서 남자들이 분노와 다툼이 없이
거룩한 손을 들어 기도하기를 원하노라 (딤전 2:8).

하나님께서는 남자들이 눈을 통해 성적으로 활성화되도록 창조
하셨다. 그리고 남자들이 보기에 여자를 매력적으로 창조하셨
다. 결혼생활에서 부부가 서로를 기쁘게 여기고 즐거워하길 원
하시기 때문에 그렇게 하신 것이다. 하나님은 남편과 아내가 친
밀감과 애정으로 함께할 수 있도록 성을 만드셨다. 남편과 아내
가 성관계를 맺을 때 그들의 관계는 굳건해지고 더욱 단단해질
것이다.

  이것은 보통 한 남자가 한 여자에게 눈길을 두는 것에서 시작된
다.

  '저 여자 괜찮네! 마음에 드는데, 평생 함께 사는 것도 나쁘지

않겠어.'

덧붙여서 말하면, 만일 당신이 미혼이고 배우자를 찾고 있다면 강한 욕망을 느끼지 않고도 미혼 여성의 아름다움을 바라보는 것이 가능하다. 배우자를 찾는다고 해서 꼭 여자에게 정욕을 느낀다는 것은 아니다.

성경은 눈이 부부 사랑에 중요한 역할을 한다고 말하는데 이것은 하나님께서 인간의 시각을 결혼생활의 친밀감이 주는 기쁨으로 가는 문으로 만드셨다는 것이다(잠 5:18-19, 아 4:9, 8:10 참조).

동성에게 매력을 느끼는 남자들도 눈에서부터 시작된다. 성적 성향과 별개로 눈은 문이다.

남자들이여, 만일 여성에게 육체적 매력을 느낀다면 하나님께서 당신을 그렇게 만드셨기 때문이다. 당신으로 하여금 성적 욕구를 느끼게 하셨고 여자를 성적 매력이 있게 만드셨다. 하나님께서는 이런 감정을 우리의 성 가운데 두셨고 "심히 좋다"고 말씀하셨다. 여성이 사랑스럽고 아름답다는 말을 듣기 원하는 것은 지극히 정상이다. 남자가 여자의 아름다움에 감탄하는 것 또한 지극히 정상적이고 건강한 것이다.

성적 성향과 별개로 눈은 문이다.

문제는 여기에서 시작된다. 죄가 모든 것을 엉망으로 만들어 놓았다. 에덴동산에서 우리의 성은 치명적인 타격을 입었고 이보다 죄의 영향을 깊고 직접적으로 느끼는 영역은 없다. 죄와의 씨름에서 남자들의 주된 대상은 성과 관련된 것이다. 죄는 하나님의 계획안에서 성적으로 기능할 수 있는 능력을 왜곡시켰고 우리는 정욕과 유혹에 휩싸이게 되었다.

스올과 아바돈은 만족함이 없고 사람의 눈도 만족함이 없느니라(잠 27:20).

이는 세상에 있는 모든 것이 육신의 정욕과 안목의 정욕과 이생의 자랑이니 다 아버지께로부터 온 것이 아니요 세상으로부터 온 것이라(요일 2:16).

가인에 대해서 말씀하실 때 하나님께서는 모든 남자가 해야 하는 전쟁을 묘사하셨다. 하나님께서는 죄는 삶의 문에 엎드려서 우리를 덮치려고 하지만 우리에게는 그 유혹을 다스릴 사명이 있다고 말씀하신다(창 4:7). 눈이 성(性)의 문이기 때문에 그 문을 통해 들어오려는 죄를 다스려야 한다.

눈의 문이 열려 있다면 당신은 여자를 바라보고 음란한 상상을 할 것이다. 눈의 문이 닫혀 있다면 그 이미지는 문에서 차단되고 당신은 생각을 온전히 다스릴 수 있다.

그래서 남자는 눈의 언약을 맺어야 한다. 성령님은 이 언약을 통해 침입하려는 음란한 이미지가 들어오지 못하도록 눈의 문을 닫을 수 있는 능력을 주신다. 눈의 문이 닫혔을 때 모든 생각을 사로잡아 그리스도께 복종하게 만드는 영광스러운 여정에 참여할 수 있다(고후 10:5).

당신이 눈의 언약을 맺을 때 자매들이 당신의 순결을 위해 단정한 옷을 입고 함께 노력하는 것에 감사해야 한다. 형제들도 자매들의 눈이 구별될 수 있도록 단정한 옷을 입어야 한다.

> 눈의 문이 닫혔을 때 모든 생각을 사로잡아 그리스도께
> 복종하게 만드는 영광스러운 여정에 참여할 수 있다.

남성과 여성은 눈으로 추파를 던질 수 있다. 눈의 언약은 남자와 여자가 동일하게 이런 행동을 하지 못하도록 문을 닫는다. 당신은 관심을 보여서는 안 되는 상대에게 추파를 던지면서 눈의 언약을 지킬 수는 없다. 여성이 당신에게 시선을 보내고 호감을 보일 때 당신의 영혼은 굳게 닫힌 성벽처럼, 그 자리에서 즉시 돌아서야 한다.

눈의 언약은 성령님의 능력과 도우심을 받을 때 지킬 수 있다. 성령님은 당신의 어려움을 돕기 위해 항상 함께하신다. 이 언약을 굳건하게 세우는 것은 큰 기쁨이 되고 성령님께서 당신의 구별됨을 도우실 것이다. 당신 안에 거하시는 그리스도께 도움을 구하라.

## 눈의 언약의 파급효과

남자가 눈의 언약을 맺을 때 얼마나 많은 삶의 영역이 영향받는지 놀라게 될 것이다. 눈은 모든 것을 바꾼다. 아래의 목록은 해야 할 것과 하지 말아야 할 것의 목록은 아니지만, 눈의 언약이 얼마나 넓은 범위까지 적용되는지 이해할 수 있도록 도와주는 지침이다. 당신의 서원에 이 목록이 기록되지는 않겠지만 눈의 언약을 맺을 때 고려해야 할 사항이다.

- 매력적이고 성적으로 끌리는 여성을 두 번 쳐다보는 것을 허락하지 않는다.
- 매혹적인 그림을 두 번 쳐다보는 것을 허락하지 않는다.
- 자극적인 장면이 나오는 영화는 보지 않고, 보고 있던 영화에

선정적인 장면이 나온다면 그 자리를 벗어나거나 전원을 끈다.

• 자극적인 장면과 성적인 유머를 사용하는 텔레비전 프로그램을 시청하지 않는다.

• 성인 웹 사이트로 연결될 수 있는 링크를 클릭하지 않는다.

• 자극적인 검색 결과를 불러올 만한 인터넷 검색을 하지 않는다.

• 마트 계산대나 잡지 판매대에 있는 스포츠 신문과 잡지 표지를 두 번 쳐다보지 않는다.

• 해변에서 일광욕하는 사람들을 훑어보지 않는다.

• 성인용 케이블 방송을 보지 않는다.

• 노출 장면을 은근히 기대하는 심정으로 텔레비전 채널을 돌리지 않는다.

• 성인 용품 가게에 가지 않는다.

• 자극적인 옷차림을 한 직원들이 있는 식당은 가지 않는다.

• 음란 전화 서비스를 이용하지 않는다.

• 자극적인 표지를 내놓는 잡지 판매대에 들어가지 않는다.

• 홍등가에 가지 않는다.

• 호텔에 묵을 때 방 안에서 하는 마사지를 신청하지 않는다.

• 여자를 불필요하게 만지지 않는다.

• 음담패설 하는 자리는 피한다(일터에서 불가피하게 노출될 수 있다).

• 아내가 아닌 다른 여자에게 추파를 던지지 않는다.

- 성적인 농담을 하지 않는다.
- 노출이 심한 옷을 입지 않는다.
- 여성 모델이 속옷이나 수영복을 광고하는 신문과 잡지를 쳐다보지 않는다.
- 자극적인 텔레비전 광고를 보지 않는다.
- 야한 문자를 보내거나 받지 않는다.
- SNS상에서 전 여자 친구와 친구로 남지 않는다.
- 유혹하려는 누군가의 달콤한 말에 귀 기울이지 않는다.
- 내 눈과 생각의 힘을 다해 그리스도를 아는 데 힘쓴다.

눈의 언약의 아름다움과 지혜는 "나는 눈의 언약을 맺었습니다"라는 단순한 고백으로 많은 상황을 다루는 것에 있다. 순결에 대한 다른 접근은 복잡하다. 어떤 책들은 상황별로 대처법이 무엇인지 설명한다. 마치 가능한 모든 상황에는 고유의 해결책이 있는 것처럼 말이다. 성경은 우리에게 눈의 언약이라는 도구를 줌으로써 이것을 단순화시켰다. 한 번에 모든 것을 해결하는 눈의 언약에 투자한다면 당신의 생각에 침투하려는 성적 유혹이 모두 다루어지고 물리치게 된다는 것을 발견할 것이다. 이것은 하나님의 놀라운 선물이다.

그러므로 너희가 그리스도와 함께 다시 살리심을 받았으면 위의 것을 찾으라 거기는 그리스도께서 하나님 우편에 앉아 계시느니라 위의 것을 생각하고 땅의 것을 생각하지 말라 이는 너희가 죽었고 너희 생명이 그리스도와 함께 하나님 안에 감추어졌음이라(골 3:1-3).

## 눈의 언약을 위한 나눔

탐구

11장에 언급된 성경 말씀 구절 하나를 선택해서 깊이 묵상하고 깨달은 점이 있으면 소그룹과 나누세요.

나눔

남자들이 왜 눈의 언약을 맺어야 한다고 생각하나요?

기도

두세 명씩 모여서 눈의 언약을 맺을 때 어느 부분이 어렵고, 도전이 되는지를 나누고 서로를 위해 기도하세요.

chapter 12

# 여자들이 눈의 언약을
# 맺어야 하는 이유

너희의 단장은 머리를 꾸미고 금을 차고
아름다운 옷을 입는 외모로 하지 말고
오직 마음에 숨은 사람을 온유하고
안정한 심령의 썩지 아니할 것으로 하라
이는 하나님 앞에 값진 것이니라 (벧전 3:3-4).


이 책을 집필하기 위해 준비하면서 소모임의 자매들을 만나서 직설적으로 물었다.

"여자의 성(性)은 어떻게 기능하나요? 저는 남자이기 때문에 남자의 성(性)은 이해되고 남자들을 대상으로 글을 쓰는 것은 쉽습니다. 하지만 여자의 성(性)에 대해서는 잘 모르겠습니다."

남자의 성(性)에 들어가는 문이 눈이고, 만일 눈의 문을 닫는다면 성적 유혹이 발붙이려는 순간에 차단된다고 설명했다. 남성이 눈의 언약을 맺을 때, 자신의 성(性)으로 향한 문을 닫게 되고 성문 밖으로 성적 유혹을 쫓아냈기 때문에 유리한 위치에서 순결을 지키는 싸움을 할 수 있다고 설명했다.

여성들에게 물어보고 싶은 가장 큰 질문은 바로 이것이다.

"만일 눈이 남자의 성(性)으로 향하는 문이라면 여자의 성(性)으로 향하는 문은 무엇일까요? 유혹이 들어올 수 있는 문을 닫기 위해서 남자가 눈의 언약을 맺는다면 여자는 어떻게 동일한 언약을 맺을 수 있을까요? 여자는 어느 문을 닫으면 되나요?"

처음에 자매들은 "여성의 문은 바로 생각입니다"라고 대답했다. 그러나 나는 그 대답에 동의하지 않았다. 생각은 여자의 문이 아니라 여자의 중심이다. 그것은 성곽의 내부다. 생각은 남자와 여자 모두에게 성(性)의 엔진이다. 만일 생각이 성(性)이 위치하는 요새의 중심부라면, 그 요새에 들어설 수 있는 문은 무엇인가? 여자의 환상을 자극하는 가장 큰 문은 무엇인가? 어느 문을 놓고 언약을 맺어야 하는가? 이 질문을 대해 계속 논의하다가 그들은 갑자기 동일한 결론에 다다랐다.

"여자의 문은 남자의 문과 같아요. 여자의 성(性)의 주된 문도 눈입니다."

자매들은 성적인 환상을 유도하는 것은 주로 눈을 통해 들어오는 정보에서 발생한다는 데 동의했다. 이 질문의 결론은 여자 또한 눈의 언약을 맺어야 한다는 것이다.

나는 이 결론에 내심 놀랐다. 이 대답을 예상하지 못한 이유 중 하나는 어느 저자가 여성들은 대체적으로 귀(청각)를 통해 자극받는다고 주장한 것을 읽었기 때문이다. 그래서 자매들이 여성의 문은 귀, 또는 촉각이나 후각이라고 대답할 거라고 예상했다. 그런데 "여자에게도 그 문은 남자와 동일합니다. 바로 눈입니다"라고 했을 때 좀 많이 놀랐다. 청각, 촉각과 후각은 2차 대문으로써 분명한 역할이 있지만 눈이 가장 주된 문이라고 말하는 순간 욥기 31장 1절은 모두를 향한 초대라는 것을 깨달았다. 그리스도의 몸 전체를 향한 것이다. 눈의 언약의 능력은 모두에게 적용되는 것이다.

하지만 확실하게 해두고 싶은 것은 그들의 결론이 다른 사람들의 의견과 일치하는가이다. 그래서 또 다른 그룹의 자매들을 만났다. 다른 지역에 사는 사람들의 의견을 알기 위해 전자우편도 많이 보냈다. 거의 모든 사람이 이 결론에 동의했다. 내가 받은 의견들은 미혼 여성, 기혼 여성, 다양한 연령대의 여성들에게 받은 것이다. 이 장에 나오는 내용은 내 개인적인 의견이나 결론에 근거하지 않고 다양한 집단의 여성들에게서 받은 의견을 정리한 것이다.

생각은 우리 성(性)의 중심부이지 문은 아니다.

제일 먼저 말하고 싶은 것은 여자의 성(性)이 자극받는 것에는 균일하거나 일반적인 방법은 없다는 것이다. 성에 있어서 여자들은 전반적으로 남자들보다 반응이 훨씬 복잡하다. 이 장에서 나는 여성 대다수의 특성을 다루겠지만 성이라는 주제에 있어서 항상 예외는 있는 법이다. 그리고 모든 여자의 성(性)에 대한 편협한 의견으로 받아들이지 않았으면 좋겠다. 나는 여전히 여자의 성(性)에 대한 이해가 많이 부족하다. 단지 의견을 내준 여성들에게 받은 내용을 최대한 잘 반영하기 위해 노력할 뿐이다.

이 책을 읽고 있는 당신이 여성이라면 당신과 맞지 않는 부분이 나온다고 해서 이 책을 덮지 않았으면 좋겠다. 오히려 하나님께 욥기 31장 1절을 영으로 말씀하시고 이 책의 메시지를 당신의 필요에 맞게 맞추어 달라고 기도하기 바란다.

내가 담대하게 주장하는 요점은 여자들도 눈의 언약을 맺을 필요가 있다는 것이다. 청각, 촉각, 후각의 문이 여자 안에 작동하고 있지만, 여자의 성(性)으로 향하는 가장 대표적인 문은 눈이다. 눈은 문이 되고 생각은 환상과 감정이 내주하는 중심부가 된다. 여자의 생각 영역에 유입되는 데이터 대부분은 눈을 통해 들어오기 때문에 눈은 문의 기능을 한다. 여자가 눈의 언약을 맺는다면 그녀는 취약점을 건드리는 시각적 데이터로부터 마음을 보호할 수 있고 "모든 생각을 사로잡아 그리스도에게 복종하게" 하는 놀라운 작업에 착수할 수 있다(고후 10:5).

여자도 눈의 언약을 맺어야 한다는 것이 몇몇 사람들에게는 생소할 수 있다. 이것이 왜 유익한지에 대해 자세히 설명하겠다.

나의 바람은 이 장을 읽는 여성들이 눈의 문이 어떻게 기능하는지 확인하고 눈의 언약을 맺을 수 있도록 도전받는 것이다.

여자의 눈의 문은 어떻게 기능하는가? 비록 여자의 성(性)으로 향하는 대표적인 문이 남자의 것과 동일해도 기능은 많이 다르다. 여자는 남자과 다른 모습으로 창조되었다. 남자는 여자의 몸을 보고 성적 욕구를 느끼지만, 대부분의 여성은 단순히 남자의 몸을 본다고 자극받지는 않는다. 물론 예외도 있을 것이다. 오늘날 인터넷의 발달로 많은 여성들이 포르노를 시청하고 중독 되기도 한다. 유아기 때부터 포르노 영상에 노출되면 다른 여성에 대해 성적인 눈이 열릴 수 있다. 성 중독과 씨름하고 있는 여성이라면 눈의 언약이 그들을 강력하게 해방시키는 것을 느낄 것이다.

대부분의 여성은 남성의 신체를 정욕적으로 바라보는 것으로 힘들어 하지 않는다. 여성의 눈이 기능하는 방식은 비교를 통해서다.

여성의 눈의 문이 기능하는 방식은 비교를 통해서다.

## 비교

하나님께서는 여자에게 아름다움에 대한 욕구를 주셨다. 자기 자신을 잘 가꾸고 아내가 남편을 위해 아름답게 꾸미는 것은 당연하고 정상적이다. 죄는 정상적인 갈망을 망가뜨렸고 여자는 질투, 탐욕, 자기 혐오, 욕망, 교만에 취약하고 이기적인 목적을 위해 유혹과 조종을 사용하기까지 한다.

여자는 다른 여자들과 자기 자신을 비교하는 경향이 있다. 남자들에게 매력적으로 보이려고 노력하지만 자신의 매력을 다른 여성의 외모와 비교하는 것으로 가늠한다.

가끔 그들은 모임을 훑어보다가 가장 매력적이라고 생각하는 여성에게 시선을 고정하고 비교하기 시작한다.

"당신처럼 멋진 다리를 가질 수만 있다면 무슨 일이라도 할 수 있을 것 같아요."

"그런 미모를 갖고 산다는 것은 어떤 느낌인가요?"

"당신은 너무 매력적이네요."

아니면 반대로 자신보다 덜 매력적이라고 느껴지는 여자를 깔

볼 수도 있다.

"제발 운동 좀 해요! 몸매 좀 가꾸어 보세요."

여성은 자신이 관심받을 때 다른 사람들 위에 군림할 수 있다고 생각한다. 어떤 여자들은 다른 사람들이 자신에게 관심을 보이는 것에서 정체성을 찾기도 한다. 또 어떤 여자들은 관심받기 위해 옷을 입는다.

"이런 옷을 입으면 그들에게 어떤 모습으로 비춰질까?"

어떤 여자들은 관심받기 위해 옷을 입는다.

여자는 옷을 입을 때 마음속으로 그날 관심을 한몸에 받겠다는 의지를 다진다. 대부분의 여성은 남성의 관심을 받고 싶어 하지만, 보통 그들의 첫 번째 관심사는 다른 여성들에게 어떻게 보일 것인가이다. 여자는 다른 여자들을 살핀다. 어떤 이들은 남성들을 위해 옷을 입지 않고 다른 여성들을 견제하기 위해 입는다. 다른 여성들의 성적 관심을 끌기 위해서는 아니지만 (종종 그런 경우도 있다.) 그녀들을 질투 나게 하거나 감탄을 자아내기 위해서다.

물론 모두가 그런 것은 아니다. 여성들은 건전하고 하나님을 높이는 방식으로 서로의 패션에 대한 열정을 공유하고 그리스도 안에서 정체성의 아름다움을 놓고 서로를 격려하고, 칭찬하고, 세워

줄 수 있다. 하지만 비교하려는 유혹은 우리의 죄성으로 인해 망가진 여성성에서 비롯되었다.

아내는 남편을 비교할 수 있다. 어떤 남편이 자신의 아내를 위해 한 것을 보거나 들을 수 있다. 이런 비교는 다른 환경 속에서 그녀의 삶이 얼마나 더 좋을지 상상하게끔 유혹한다. 그 남성이 자신을 남편보다 훨씬 더 사랑해 주고 만족시켜 주고 필요를 채워주었을지 모른다. 그녀에게 더 큰 행복감을 안겨주었을지도 모른다. 그녀의 내면에서 자신은 이보다 더 나은 대우를 받아야 한다고 말한다. 애초에 그녀의 상상은 다른 남성과의 인생이 어떤 모습이었을지 상상하는 대본을 써내려가면서 성적인 색깔보다는 낭만적인 느낌이 강했을 것이다.

유의해야 할 것은 남편들도 아내를 비교하고 다른 사람과 결혼했을 때 어떤 삶을 살게 됐을지 상상하는 유혹을 받는다는 것이다. 배우자를 비교하고 탐내는 것은 남성과 여성 동일하게 취약한 부분이기 때문에 양쪽 모두에게 눈의 언약이 필요하다.

여자는 자신을 고맙게 여기고 믿어주고 자신과 동행하며 보살펴주는 인생의 동반자가 되어줄 남성을 원한다. 눈이 찾는 것은 바로 이것이다. 여자의 눈은 다른 여성의 남편이나 남편이 아닌 다른 남성에게 머무를 수 있으며 그럴 때 환상이 시작된다.

만일 젊은 여성의 눈의 문이 열려 있다면 그녀는 하나님께 인정과 가치를 찾는 대신 남성에게서 인정받으려 할 수 있고 그의 친절한 말에 약해진다. 그가 "당신은 특별해요. 당신에게 최고의 것을 누리게 해주겠어요. 당신을 사랑해요"라고 말할 때 그녀의 영혼의 공허함은 유혹에 문을 열어줄 것이다.

대부분의 불륜 관계는 시선 교환을 통해서 생기는 교감으로부터 시작된다. 그녀가 남자의 시선을 사로잡고 그가 그녀의 진가를 알아봐준다. 그가 이렇게 묻는다.

"당신 주변에 있는 사람들은 당신이 얼마나 대단한 사람인지 알고 있나요?"

만일 그녀가 답답하고 따분한 상황에 있다면 이 말을 통해 환상이 시작되고 이런 칭찬은 그녀를 설레게 할 것이다. 이것은 보통 시선 교환에서 시작되고 그 뒤를 따르는 대화는 감정을 자극하기 시작한다.


## 산업과 경쟁하기

여자들은 패션모델들이 보여 주는 이미지와 경쟁해야 한다는 압박감이 있다. 열일곱 살 소녀의 피부를 어떻게 따라잡을 수 있겠는가? 젊음을 추구하는 여성들의 욕구를 충족시키기 위해 매력을 향상시킬 수 있는 다양한 의료 산업들이 생겨났다.

돈만 있으면 오늘날 접할 수 있는 의료 행위는 놀랍도록 다양하다. 몸의 특정 부위를 더 크게, 더 작게, 더 매끈하게 만들 수 있다. 보톡스, 레이저 시술, 지방흡입술, 보형물 삽입, 유방 축소 또는 확대 수술, 피부 리프팅, 콜라겐, 코수술, 치아 미백, 피부 박리, 경화치료법, 피부 필링, 눈꺼풀 리프팅, 입술 확대 수술 등.

노화에 대한 두려움이 이런 산업을 부추기고 있다. 여성들은 자신의 몸을 통해 세월과 함께 신체의 아름다움이 사라지는 것을 지켜본다. 육체에 시선이 묶여서 진정으로 가치 있는, 즉 온유하고 부드러운 영적인 아름다움을 놓치는 여성들을 보면 참으로 안타깝다. 오랜 세월 동안 그리스도를 신실하게 섬기면서 예수님을 따라가다가도 늙어가는 겉모습에 낙심한 나머지 내면의 보석을 놓칠 수 있다. 우리 안에 거하시는 그리스도의 영광은 벽에 걸린 거울 때문에 작아지기도 한다.

> 우리 안에 거하시는 그리스도의 영광은
> 벽에 걸린 거울 때문에 작아지기도 한다.

오늘날의 문화는 여자가 늙는 것을 허락하지 않는다. 곱게 늙는 것을 기쁘게 여기는 대신 모두가 다시 열일곱 살이 되려고 엄마와

딸이 경쟁하는 듯하다.


## 탐내는 마음

여자는 무심코 잡지나 홈쇼핑 카탈로그를 훑어보다가 탐욕에 사로잡힐 수 있다. 눈은 자신에게 있는 것과 눈앞에 보이는 것을 비교한다. 이것은 페이스북을 훑어보다가 다른 사람의 사진이나 글을 자신의 것과 비교하는 것으로 일어날 수도 있다.

눈은 다른 사람이 가지고 있는 것을 보고 질투를 유발시킨다.

"그녀는 날씬하기 때문에 정말 근사한 남자친구가 있을 거야." "저 둘은 완벽한 커플이네. 난 왜 아직도 싱글이지?" "저 사람들의 사랑스러운 자녀들 좀 봐. 그림처럼 완벽한 가정이네." "저런 회사에 다니는 남자와 결혼하면 정말 근사할 거야."

눈은 무언가에 이끌려서 쳐다본다. 그것에 시선을 두는 동안 유입되는 자료는 생각 속에 박히고 질투와 상상과 환상으로 바뀐다.

여자는 쇼핑할 때 자기에게 없는 것을 보면서 탐심의 유혹을 쉽게 받는다. 눈으로 보고 탐내는 사고방식은 성의 영역에서도 동일하게 작용한다. 예를 들어 다른 여성의 매력을, 아름다움과 매력을 지닌 남자와 여자가 소유한 능력을 탐내기도 한다.

여성의 눈의 문은 보통 아침에 출근을 준비하는 화장실에서 활성화된다. 거울에 비친 자신에게 "넌 정말 못났어"라고 말하고, 체중계에 올라설 때는 마음속에서 부정적인 감정이 올라온다.

마트 계산대 옆에 있는 잡지 표지를 아무 생각 없이 쳐다보며 자신이 바라본 것을 통해 생각이 사로잡혔다는 것을 전혀 인지하지 못한다. 그래서 눈의 언약은 절대적으로 필요하다.

눈의 언약의 목적은 여성을 생기 없는 따분한 종교적인 로봇으로 만드는 것이 아니다. 여성의 진정한 내면의 아름다움이 거룩한 기쁨으로 빛날 수 있도록 예수님만 바라보도록 순결하게 구별되는 것이다.

## 눈의 사용

여성이 눈으로 남성을 유혹할 수 있다는 것을 말씀에서도 알 수 있다(잠 6:25, 왕하 9:30, 사 3:16). 건너편에 있는 남성에게 관심을 표현할 때 눈을 의도적으로 사용할 수 있다.

여성은 의도적이지 않고 순수한 의미로 눈을 사용해 소통할 수 있다. 자신의 눈으로 상대방을 초대한다는 것을 깨닫지 못한 채 남성에게 고마움을 표시할 수 있다.

대부분의 불륜 관계는 의도치 않은 곳에서 시작된다. 함께 시간을 보내거나, 상담을 받거나, 함께 기도하거나, 말씀을 읽는 등 전혀 불순한 의도가 없는 곳에서 시작될 수 있다. 남자는 자신의 도움을 필요로 하는 여자를 바라보고, 그 관계는 따뜻하고 서로를 배려하며 소통하는 것이다. 서로 얼굴을 맞대고 마음을 거리낌 없이 나누고 눈으로 교감한다.

처음에 여자는 전혀 성(性)에 대한 생각을 하지 않을 것이다. 따뜻함, 위로, 신뢰, 소통과 교제에 대해 생각할 것이다. 그녀의 눈은 그녀에게 필요한 애정을 그의 눈에서 받아들인다. 우정의 따뜻함 속에 그녀의 성(性)은 활성화되지 않은 상태에서 편안함으로, 편안함에서 영향을 쉽게 받을 수 있는 열려 있는 상태로, 그리고 갈망으로 변한다. 남자는 그 관계가 육체적인 관계가 되길 원하고 여자는 쉽게 거절하지 못한다. 하나님을 두려워하는 경외함의 브레이크가 어느 쪽에서도 작동하지 않는 것이다.

대부분의 불륜은 남자와 여자가 성(性)에 대한 생각이 전혀 없는 순수한 마음에서 시작된다. 하지만 그들의 눈의 문은 서로에게 열리는 것이다. 눈의 언약을 맺지 않았다면 그 관계는 문을 넘어서서 마음까지 파고들 것이다. 관계 속에서 감정적 충족이 안락감을 줄 때 육체적 친밀감에 대한 갈망이 생겨난다.

관계 속에서 감정적 충족이 안락감을 줄 때
육체적 친밀감에 대한 갈망이 생겨난다.

## 문을 닫으라

여자의 눈의 문이 완전히 닫히지 않았을 때 눈은 갈망으로 사방을 바라볼 수 있고 마음은 환상에 열려 있다. 머릿속 생각의 흐름을 다스리기 위해 여자는 눈의 언약을 맺어야 한다. 그녀는 생각을 가득 채우는 정욕적인 비교와 갈망이 잠잠해지기 전까지 뜻을 다하여 하나님을 사랑할 수 없다. 문이 닫혔을 때 그녀의 눈은 예수님에게 고정되고 환상과 질투와 탐욕을 키우는 모든 것이 차단된다. 눈의 문이 닫히면 다른 문(청각, 촉각, 후각)도 쉽게 닫힐 수 있다. 이제 원수는 성곽 밖으로 쫓겨났고 유리한 위치에서 하나님을 향한 구별된 사고방식을 지켜낼 수 있다.

## 파급효과

여자가 눈의 언약을 맺으면 일상생활의 많은 영역에 영향을 미친다.

눈은 모든 것을 바꾸어 버린다. 다시 한 번 얘기하면, 이 책은 해야 할 일과 하지 말아야 할 것의 목록은 아니지만, 눈의 언약이 얼마나 넓은 범위에 적용되는지 이해할 수 있게 도와주는 지침서다. 당신의 서원에 아래의 내용이 실제로 기록되지는 않겠지만 눈의 언약을 맺을 때 고려해야 할 것들이다.

- 다른 여성들과 비교하다가 남성의 평가에 근거해 정체성을 찾지 않고 그리스도 안에서 정체성을 찾는다.
- 옷을 입을 때 다른 여자들의 스타일을 선호해서 그들과 비교하는 일이 없도록 한다.
- 그리스도 안에서 형제들이 구별된 삶을 지키며 하나님을 사랑할 수 있도록 도와주기 위해 옷차림에 신경을 쓴다.
- 다른 여성들과 외모를 비교하지 않는다.
- 건강상의 이유로 체중을 확인하고 아름다움의 기준으로는 삼지 않는다.
- 여성들을 외모로 판단하지 않는다.
- 추파를 던지거나 성적 자극이 될 수 있는 방식으로 말하거나 시선을 주지 않는다.
- 다른 사람에 대해 소문을 퍼뜨리거나 험담하지 않는다.
- 환상을 부추기는 소설이나 매체를 이용하지 않는다.

- 신경을 자극하는 텔레비전 프로그램이나 영화를 보지 않는다.
- 포르노물을 보지 않는다.
- 비교 심리나 성적인 생각을 유발하는 선정적인 신문이나 잡지를 보지 않는다.
- 남자를 부적절하게 만지지 않는다.
- 육적인 비교나 성적인 환상을 부추기는 대화가 벌어지는 상황에서는 자리를 피한다. (일터에서 어느 정도 노출이 될 수 있다는 것을 감안한다.)
- 성적인 농담을 하지 않는다.
- (기혼인 경우) SNS상에서 예전 남자친구와 연락하지 않는다.
- (기혼인 경우) 남편 외에 다른 남성의 관심을 끄는 데 눈을 사용하지 않는다.
- 내 눈과 생각의 힘을 다해 그리스도를 아는 데 힘쓴다.

끝으로 형제들아 무엇에든지 참되며 무엇에든지 경건하며 무엇에든지 옳으며 무엇에든지 정결하며 무엇에든지 사랑 받을 만하며 무엇에든지 칭찬 받을 만하며 무슨 덕이 있든지 무슨 기림이 있든지 이것들을 생각하라(빌 4:8).

# 눈의 언약을 위한 나눔

탐구
여자의 성(性)으로 향하는 첫 번째 문이 눈이라는 생각을
뒷받침하는 성경 구절 또는 이야기가 있나요? 창세기
39장 7절에서 시작해 보세요.

나눔
여자도 눈의 언약을 맺어야 하는 이유를 서로 얘기해 보
세요.

기도
두세 명씩 모여서 눈의 언약을 맺을 때 어느 부분이 어렵
고, 도전적인지 나누고 서로를 위해 기도하세요.

# chapter 13

# 실제적인 조언

이 모든 일에 전심 전력하여 너의 성숙함을
모든 사람에게 나타나게 하라 (딤전 4:15).

우리는 눈의 언약 맺을 준비가 거의 끝났다. 언약 맺을 준비를 위해서 먼저 실제적인 부분을 알아야 한다. 일단 이 언약은 성령 안에서 진정으로 거듭난 사람들을 위한 것이다. 눈의 언약을 맺기전에 당신이 하나님과의 관계 가운데 올바로 서 있는지 확인해야한다. 이것은 죄를 고백하고(약 5:16), 회개하고(행 2:38), 그리스도의 죄 사함을 받고(요일 1:9), 보혈의 씻기심을 받는(히 10:22) 것이다. 이런 단계를 거치는 데 도움이 필요하다면 이 말씀 구절들을 함께읽고 하나님의 죄 사함을 받는 과정을 인도해 줄 수 있는 성숙한신자의 도움을 받는 것도 좋다.

만일 당신이 하나님의 자녀이지만 성적 순결함에 있어서 수치심과 실패로 씨름하고 있다면 눈의 언약을 맺기 전에 그리스도의 보혈로 깨끗하게 해달라고 구하라(히 10:19-22). 지금 아래의 기도를 따라할 것을 제안한다.

하늘에 계신 아버지, 예수 그리스도의 이름으로 주님 앞에 나아옵니다. 저의 모든 부도덕하고 추악한 죄를 용서해 주옵소서(구체적인 죄를 고백하라). 성적인 죄를 범하는 문을 열어놓고 주님의 마음을 아프게 했습니다. 갈보리에서 예수님께서 흘리신 보혈로 제 눈과 생각과 몸과 영을 정결케 하여 주시옵소서.

예수님, 저를 용서해 주시고 새롭게 하소서. 죄로 인해 주님과 단절되었던 교제를 회복시켜 주시고, 주님 안에서 새로운 사람이 되게 하옵소서. 주님, 이제 과거의 죄에서 돌아서서 주님에게 순종함으로 나아가게 하소서. 예수 그리스도의 이름으로 어두움의 문을 모두 꾸짖고 닫습니다. 오늘 공의의 문, 계시의 문, 빛과 진리의 문을 엽니다. 예수 그리스도의 이름으로 명하노니 사탄아 너는 지금 내 생각과 내 영혼과 내 삶에서 묶임을 받고 떠나갈지어다. 예수님, 주님께서 제 삶의 주인이 되십니다. 성령의 능력으로 말씀에 순종하는 삶을 살겠습니다. 제 삶을 주님께 전적으로 내어 드립니다. 예수님, 도와주셔서 감사합니다.

그리스도의 영광스러운 복음의 좋은 소식을 선포한다. 하나님께서 당신의 모든 성적인 죄를 용서하신다. 죄를 고백하고 죄에서 온전히 뒤돌아서면 하나님께서는 풍성한 기쁨으로 당신을 용서하시고 받아주실 것이다. 당신은 깨끗함을 받을 것이다. 하나님께서 용서하지 않는 성적인 죄는 없다. 하나님께서 기다리시는 것은 당신의 회개다.

하나님께서 오늘 당신에게 주시는 새로운 시작을 기뻐하라. 성경은 말한다.

"동이 서에서 먼 것 같이 우리의 죄과를 우리에게서 멀리 옮기셨으며"(시 103:12).

마지막 날에 하나님 앞에 섰을 때 그분은 이미 용서하신 죄에 대해 기억하지 않으신다. 얼마나 좋은 소식인가. 예수님께서는 성적 순결을 회복시키기 위해(4장에서 말한 것처럼) 눈의 언약을 맺는 자리로 초대하신다. 이미 쟁취하신 승리의 자리로 인도하시는 것이다.

# 첫 단계

눈의 언약을 맺길 원한다면 이것을 어떻게 현명하게 행할 것인지에 대해 의논해 보자. 평생 동안 지킬 눈의 언약 맺을 준비가 된 사람도 있을 것이다. 만일 그렇다면 그것은 정말 좋은 것이다. 하지만 대부분의 성도는 그것을 서서히 풀어나가는 여정을 걷게 될 것이다.

먼저 하루 동안 지킬 눈의 언약 맺는 것을 고려해 보라(일정 기간 동안 서원하는 것은 성경적이다. 9장 참조).

먼저 하루 동안 지킬 눈의 언약 맺는 것을 고려해 보라.

"하늘에 계신 아버지, 하루 동안 눈의 언약을 맺습니다. 앞으로 24시간 동안 정욕적인 시선으로 남자나 여자를 쳐다보지 않겠습니다. 하나님께서 기뻐하시지 않는 것에 시선을 두지 않고 오직 주님만을 바라보겠습니다. 이 서원을 지킬 수 있도록 도와주소서. 예수님의 이름으로 기도합니다. 아멘."

일시적인 서원을 시작해 보는 지혜는 바로 이것이다. 새 옷을 입어 보고 그 느낌을 느껴볼 수 있는 기회를 통해 시범적으로 해 보는 것이다. 하루 동안 실천해 보고 평가해 볼 수 있다. 이것을 지킬 수 있도록 주님께서 어떻게 도와주시고 힘을 주셨는가? 감당할 수 있도록 부어 주시는 은혜를 느낄 수 있었는가?

은혜의 정의 중 하나는 가능케 하는 능력이다. 당신의 삶에 하나님의 은혜가 역사하고 있다면 비록 감정적으로 느끼지 못하더라도 결국에는 끝까지 해낼 수 있는 힘이 주어졌다는 것을 깨닫게 된다. 이것이 은혜다. 감정에 의존하지 말고 그분의 도우심에 의존하라.

하루 종일 하나님과 대화하라. 하나님께서 원하시는 것은 바로 당신과의 대화다. 그리고 이 여정을 하나님과의 관계 속에서 헤쳐 나가길 원하신다. 성령님께서 당신 안에 타오르는 불로 내주하신다. 그분과 교제하라. 자제력을 주시는 것에 감사하라(갈 5:22-23). 당신과 동행하시고 이 여정 내내 당신 옆에서 함께하시는 예수님과 교제하라. 말씀 안에 거하고 빛으로 채움을 받으라. 순종함으로 걸어가는 이 여정의 궁극적인 목표는 사랑 안에서 성장하는 것이다.

하루 동안 눈의 언약을 지켰다면 다른 서원을 할 준비가 되었는가? 하루 또는 사흘을 서원할 준비가 되었는가? 일주일 동안 서원하고 싶은 갈망을 발견할 수도 있다. 그리고 한 달, 그 후에는 6개월, 그 후에는 일 년 동안 이 서원을 지키는 자신을 발견할 것이다.

눈의 언약을 일 년 동안 서원하는 시점에 다다르고 그리스도께서 그것을 감당할 수 있는 은혜를 부어 주시는 것을 발견한다면 당신은 평생토록 눈의 언약을 맺을 준비가 된 것이다. 나는 평생의 서원을 향해 서서히 증가하는 구별됨을 실천하는 현명한 방법을 추천한다. 이 여정의 단계마다 하나님께서 얼마나 기꺼이 당신을 도우시는지 발견하고 놀랄 기대를 하라. 이미 언급한 것처럼 하나님께서는 언약 맺기를 정말 좋아하신다.

## 준비될 때까지 기다려라

온전한 확신이 설 때까지 하나님과 그 어떤 언약도 맺지 마라. 조급하게 서원하는 것을 항상 조심해야 한다. 원수가 당신의 실수를 빌미로 대적할 수 있기 때문이다. 실패를 겪을 때 정죄함과 죄책감으로 당신을 공격할 것이다. 당신은 하나님의 진노 아래 있다고 말할 것이다. 당신은 참담한 실패자이며 하나님 나라에 전혀 쓸모 없고 자격 없는 사람이라고 말할 것이다. 성경은 말한다. "이는 우리로 사탄에게 속지 않게 하려 함이라 우리는 그 계책을 알지 못하는 바가 아니로라"(고후 2:11).

고린도후서 2장 11절은 원수가 우리를 어떻게 대적하는지 묘사하고 있다. 우리 모두에게 동일한 계략을 사용한다.

서원의 목적은 온전한 구별됨과 새로운 차원의 승리를 위해 당신을 준비시키는 것이다. 조급하게 서원해서 자책과 절망의 도구가 되게 하지 마라. 이 언약이 당신을 침몰시키는 쇠사슬이 아닌 힘이 되는 도구가 될 수 있을 때까지 기다려야 한다. 때가 됐을 때 성령님께서 자신감을 부어 주시고 그때가 됐다는 신호를 주실 것이다.

> 조급하게 서원해서 자책과 절망의 도구가 되게 하지 마라.

성적인 죄의 중독을 벗어나지 못했거나 수치심이나 절망에 여전히 묶여 있다면 눈의 언약을 맺지 마라. 당신의 결단이 더 견고해질 수 있도록 은혜를 구하고 좀 더 안정된 계절에 들어선 후에 이 언약을 고려하는 것이 유익하다.

가끔씩 정욕의 즐거움을 채우고 싶다면 눈의 언약을 맺지 마라.

즐겨 보는 영화의 장르를 바꿀 수 없다면 눈의 언약을 맺지 마라.

하나님께서 언약을 맺는 자리로 당신을 부르셨다는 믿음이 부족하다면 눈의 언약을 맺지 마라.

이 신성한 초대를 놓고 고민하고 고려할 시간이 더 필요하다면 눈의 언약을 맺지 마라. 결혼식 이전에 약혼 기간이 있는 것처럼 하나님과 언약을 맺기 전에 신중하게 고려하는 기간이 필요하다. 당신이 준비될 때까지 기다려야 한다.


## 순결을 돕는 다양한 도구를 활용하라

눈의 언약은 구별된 삶을 추구함에 있어서 우리가 사용할 수 있는 많은 도구 중 하나다. 전쟁이 매우 치열하기 때문에 우리가 활용할 수 있는 모든 은혜의 도구를 활용해야 한다. 당신이 활용할 수 있는 도구들은 다음과 같다.

> 우리가 활용할 수 있는 모든 은혜의 도구를 활용해야 한다.

**말씀으로 기도하라:** 하나님 말씀은 검이다(엡 6:17). 말씀으로 원수를 대적하라. 당신의 여정에 힘이 되는 말씀들을 모아서 예수님께서 하셨던 것처럼 유혹의 순간에 그 말씀을 선포하라(마 4:4-10). 말씀은 당신의 믿음을 세우고(롬 10:17) 믿음은 원수의 불화살에 맞서는 방패다(엡 6:16). 말씀과 기도를 공격적으로 활용하면 당신의 마음은 새로워지고(롬 12:2) 영혼은 강건해진다(엡 6:10). 에베소서 6

장 10-17절은 하나님의 전신갑주를 입는 것에 대하여 말하고, 18절은 전신갑주를 입은 후 성령 안에서 기도해야 한다고 말한다. 말씀을 사용해 당신의 몸을 빛으로 채우고 성령 안에서 기도하여 그리스도의 사랑으로 당신의 마음을 채워야 한다.

**그리스도를 묵상하라:** 에베소서 1장 17-19절 말씀을 펼쳐놓고 하나님 아버지께 예수 그리스도의 아름다우심에 대한 계시를 달라고 구하라. 말씀 속에서 예수님을 바라보는 데 시간을 투자하라. 우리는 우리가 바라보는 것을 닮아간다. 만일 시선을 포르노물에 둔다면 우리는 정욕으로 가득 차게 되고, 예수님에게 눈을 고정하면 그분의 빛으로 채워지고 그분의 형상으로 변화받게 된다(고후 3:18). 당신이 할 수 있는 만큼 말씀을 읽고 경배 가운데 예수님을 바라보고 사모하라. 이것이 모든 생각을 사로잡아 그리스도에게 복종하게 만드는 주된 방법이다.

**금식:** 금식은 이 전쟁에서 우리의 전진을 가속화시키는 하나님의 선물이다. 아담이 먹지 말아야 할 과일을 먹었을 때 그의 성(性)은 큰 타격을 입었다. 성경은 우리의 식욕과 성욕을 연관시키는 듯하다. 금식은 성의 영역의 상함을 극복하기 위해 하나님께서 주신 도구다. 실제로 금식은 죄성의 성욕을 부인하는 데 도움이 된다.

더 나아가 영적인 진리를 잘 받아드릴 수 있도록 마음을 부드럽게 하고 말씀의 이해를 돕는다.

**영적 멘토를 구하라**: 야고보서 5장 16절에 따라 당신을 도와줄 수 있는 영적 멘토를 찾아라. 동성으로 당신보다 나이가 많고 신앙적으로 더 성숙한 사람이어야 한다. 당신과 동일한 문제로 씨름하는 사람이 아닌 당신을 끌어올려 줄 수 있어야 한다. 당신이 목회자라면 다른 목회자를 찾아볼 것을 고려하라. 매주 만나서 당신이 어떻게 지냈는지 얘기하고[8] 모든 것을 고백하라. 하나님께 먼저 고백한 후에 멘토에게 고백하고 기도를 받으라. 우리가 고백하고 기도받을 때 놀라운 일이 벌어진다. 하나님께서 우리를 치유해 주시는 것이다(약 5:16). 습관적인 죄로 인해 뇌 속에 깊숙이 파여 있는 신경계 경로들도 고침받아 중독적인 행동에서 자유함을 얻게 된다.

우리가 고백하고 기도받을 때 놀라운 일이 벌어진다.
하나님께서 우리를 치유해 주시는 것이다.

**회개:** 모든 실패와 죄에 대해서 그 즉시 마음으로 회개하라. 예수님의 보혈의 씻기심을 입고 변화시키시는 그분의 능력을 받으라. 회개할 때 시편 51편 말씀을 인용하라.

**육신의 일을 도모하지 말라:** 로마서 13장 14절은 말한다.
"오직 주 예수 그리스도로 옷 입고 정욕을 위하여 육신의 일을 도모하지 말라."
이것은 유혹받을 수 있는 장소에 자신을 두지 말라는 것이다. 당신이 소유한 모든 서적, 잡지, DVD, CD, 음악 등을 검토하고 당신을 유혹할 수 있는 것은 모두 버려라. 생활 속에서 더러운 것은

---

8. 서로를 위해 기도하기 전에 영적 멘토는 아래와 같은 질문을 할 수 있다.
   1. 지난 일주일 동안 눈의 언약을 깨는 행동을 한 적이 있는가?
   2. 일주일 동안 '실수'한 적은 있는가? 눈의 언약을 깨지는 않았지만 기분이 좋지 않았던 적은 있는가?
   3. 부적절한 시선으로 남자나 여자를 바라본 적이 있는가?
   4. 미디어의 사용(인터넷, 영화, 음악 등)으로 하나님을 높여 드렸는가?
   5. 재정의 활용 속에서, 당신의 혀(언어)를 통해 모든 관계의 소통 속에서 하나님께서 기뻐하지 않는 행동을 한 적이 있는가?
   6. 골방에서 주님과 (말씀과 기도로) 매일 시간을 보냈는가? 안식일을 지켰는가?
   7. 당신의 삶을 향한 주님의 부르심에 신실하게 순종했는가?

전부 버려라. 술집처럼 유혹받을 수 있는 장소는 피하는 것이 좋다. 유혹거리가 있는 여행이나 외출 계획도 세우지 마라. 어깨선 아래로 사람들을 내려다보지 마라. 당신의 서원을 타협하게 만들 친구들과 어울리지 마라. 타협하도록 압력을 가하는 사람들은 진정한 친구가 아니다. 정결하지 않은 주제나 이미지들을 포스팅하는 소셜 미디어를 차단하라. 당신을 집어삼키려는 미디어 괴물을 공격적으로 대적하라. 저녁 7시 이후에는 텔레비전 전원을 꺼라. 컴퓨터에 필터링 소프트웨어를 설치하라. 채널을 무작위로 돌리는 것을 조심하라. 케이블 텔레비전을 끊어라(케이블 텔레비전은 함정이 너무 많기 때문에 하나님께서 특별히 선한 목적을 위해 허락하시지 않는 이상 끊는 것이 유익하다).

## 도움이 되는 기도

다윗은 시편 139편 23절에 놀라운 기도를 제시한다.

"하나님이여 나를 살피사 내 마음을 아시며…"

나는 이 기도를 주님께 올려 드릴 때 문구를 살짝 변형해서 이렇게 기도했다.

"주님, 제 성(性)을 아옵소서."

이 동일한 기도를 진실 되게 올려 드릴 것을 추천한다.

"주님, 제 성(性)을 아옵소서."

이런 기도를 올려 드릴 때 숨김없이 당신의 삶을 살피실 수 있도록 내어 드리라. 그렇게 하는 것으로 당신은 이렇게 고백하는 것이다.

"예수님, 성(性)의 모든 영역을 주님께 있는 그대로 보여 드립니다. 저의 필요와 갈망과 생각과 씨름과 습관을 보여 드립니다. 모든 것을 있는 그대로 보여 드립니다. 모든 부분을 살피시옵소서. 비밀이 없습니다. 제가 강하고 승리하는 부분들을 아시고 제가 연약하고 실패하는 영역들 또한 살펴주소서. 제 환상들을 아옵소서. 주님께 그 무엇도 숨기지 않겠습니다. 언제든지 제 성(性)의 모든 영역을 살피시고 다루시옵소서. 저는 주님께 속해 있습니다. 저를 아옵소서."

그 무엇도 숨기지 마라.

그 무엇도 숨기지 마라. 나는 이 기도에 있어서 열정적이다. 마지막 날에 영원한 심판을 받을 때 예수님께서는 몇몇에게 "내가 너희를 도무지 알지 못하니 불법을 행하는 자들아 내게서 떠나가라"고 말씀하실 것이다(마 7:23). 나는 이런 말을 듣고 싶지 않다.

하나님께서 나에 대해 모든 것을 아시고 마지막 날에 "밥(Bob), 나는 너를 안다"라고 말씀해 주시길 원한다.

시몬 베드로와 가룟 유다는 예수 그리스도를 처참하게 배신했다. 한 사람은 지옥에 갔고 다른 한 사람은 어린 양의 사도가 되었다. 이들의 차이는 무엇인가? 유다에게는 비밀이 있었지만 베드로는 숨기는 것이 없었다. 하나님께 죄를 숨기려고 하지 말고, 베드로처럼 숨김이 없는 사람이 되어야 한다.

"제 성(性)을 아옵소서."


## 당신의 그릇을 알라

주님께 당신의 강점과 약점을 알려달라고 기도하라. 성적인 연약함을 파악할 때 당신은 바울이 아래와 같이 기술한 것을 행하는 것이다.

하나님의 뜻은 이것이니 너희의 거룩함이라 곧 음란을 버리고 각각 거룩함과 존귀함으로 자기의 아내(살전 4:4 원문에는 '그릇'이란 단어를 사용하였다. 그릇은 '아내'라는 단어로 번역 가능하여 한국어 성경은 문맥에 맞추어 '아내'라고 번역하였다 – 옮긴이) 대할 줄을

알고 하나님을 모르는 이방인과 같이 색욕을 따르지 말고(살
전 4:3-5).

'그릇'에 대해 언급할 때 바울은 인격 전체를 언급하면서 육체
에 특별한 강조를 두었다. 그릇을 '대할 줄 아는' 것은 몸과 마음
을 조심스럽게 지키는 청지기가 되라는 것이다. 하나님께서는 당
신의 몸을 거룩하고 존귀하게 대할 책임을 요구하신다. 당신은 자
신을 잘 알아야 한다. 유혹이 당신의 연약한 부분을 어떻게 공략
하려고 하는지 파악하여 현명하게 대처해야 한다.

죄를 짓게 하는 정욕에 쉽게 넘어가게 하는 요소를 파악하라.
예를 들면 피곤하거나 편안하거나 기분이 좋을 때, 또는 낙심하거
나 외롭거나 스트레스를 받을 때일 수도 있다. 특별히 당신의 위
험구역을 잘 알아야 한다. 위험구역은 특정 음악, 영화, 장소, 모
임, 파티, 누군가와 차 안에 단 둘이 있는 상황, 술을 마신 경우일
수 있다.

당신의 그릇을 알아야 한다. 그리고 이 그릇을 취할 수 있도록
돕는 눈의 언약을 작성해라. 주님은 당신을 돕기 원하신다. 당신
은 하나님의 도우심을 구하기만 하면 된다.

## 질문에 대한 답을 준비하라

눈의 언약을 맺은 후에 사람들에게 어떻게 설명할지 생각하라. 사람들은 이런 질문을 할 수 있다.

"이런 영화는 왜 같이 보러 가지 않으세요?" "매력적인 남성이나 여성을 볼 때 왜 고개를 돌리세요?"

사람들은 당신 행동의 변화를 눈치 챌 것이고 궁금해 할 것이다. 어떻게 대응할지 미리 생각할 필요가 있는 것은 갑작스럽게 대답해야 되는 상황에서 당신의 대답이 바리새인이 "난 당신보다 거룩해"라고 말하는 것처럼 비춰질 수 있기 때문이다. 남들에게 영성을 자랑하는 것처럼 비춰지는 것이 아니라, 그들도 그 서원을 매력적으로 느낄 수 있도록 설명할 수 있는 지혜를 달라고 구하라. 이런 식으로 대답하는 것도 꽤 괜찮은 방법이다.

"주님께서 요즘 제가 보는 것들에 대해 특별히 더 조심하라고 말씀하셨습니다."

"저는 보고 싶은 마음이 별로 없습니다."

"그 영화에 대한 리뷰를 읽었는데 하나님 앞에 한 약속 때문에 보면 안 될 장면들이 있더군요."

# 눈의 언약을 위한 나눔

탐구

데살로니가전서 4장 3-5절을 묵상하고 기도하세요. 하나님께 당신의 연약한 부분을 보여 달라고 구하고, 말씀해 주시는 것들을 기록하세요.

나눔

하나님과 언약을 맺는 과정에 대해 나누어 보세요. 우리가 준비되었는지 어떻게 알 수 있나요? 일정 기간 동안 언약을 맺는 것에 대해 얘기해 보세요.

기도

주님과 언약 맺는 것을 방해하는 것들이 있다면 알려달라고 구하고 그 장애물을 주님께 올려 드리세요.

# chapter 14

# 언약문 작성

언약을 명확하게 기억하기 위해서는 글로 작성하고 날짜를 기록하고 당신이 쉽게 볼 수 있는 곳에 보관할 것을 추천한다. 한동안 언약문을 인쇄해서 지니고 다니는 것도 괜찮다. 이번 장에서는 언약문 작성을 도울 것이다.

우리는 모두 같은 방식으로 성적 유혹에 넘어지지는 않는다. 우리가 개인적으로 씨름하는 부분들과 눈의 문을 활성화시키는 요소들에 따라서 언약이 조금씩 달라질 수 있다.

당신의 삶에 적합한 언약문을 작성할 수 있도록 도와달라고 주님께 구하라. 언약문의 문구를 직접 작성해도 좋고, 아래의 견본을 참조해도 좋다.

## 언약문의 예

내가 제안하는 언약문의 예는 도입, 본문, 결론으로 구성되어 있다. 이 형식에 따라 언약문을 작성해도 좋다. 각 부분은 한 문장이나 그보다 길 수 있다. 아래의 예시에서 골라 사용할 수 있다. 도입과 결론은 모두에게 같겠지만 본문은 사람마다 다를 수 있다.


## 도입

다음과 같은 도입문이 일반적이다. 모든 연령대가 활용 가능하다.

• 하늘에 계신 아버지, 앞으로 24시간 동안 당신 앞에서 눈의 언약을 맺습니다(기간은 원하는 대로 수정 가능하다).

# 본문

언약문의 본문은 다음에서 선택해서 사용할 수 있다. 당신이 원하는 문장을 인용하고 당신에게 맞게 문구를 수정하면 된다.

- 정욕을 위해 남자/여자의 사진을 쳐다보지 않겠습니다.
- 자극적이고 성적인 의미를 암시하는 부도덕적인 매체(온/오프라인)를 이용하지 않겠습니다.
- 다른 여성을 제 아름다움과 가치의 기준으로 삼지 않겠습니다.
- 배우자가 아닌 사람에게 호감을 표시하지 않겠습니다.
- 배우자가 아닌 다른 사람과의 결혼생활에 대해 상상하지 않겠습니다.
- 매력적이라고 생각되는 남자/여자를 두 번 쳐다보지 않겠습니다.
- 자극적인 장면이 나오는 영화는 거부하고 의도치 않게 그런 장면이 나온다면 끄거나 그 장소를 벗어나겠습니다.
- 선정적인 사이트로 연결될 수 있는 링크를 클릭하지 않겠습니다.
- 절대로 음란물을 보지 않겠습니다.
- 성적인 농담을 하지 않겠습니다.

- 자극적인 음악은 듣지 않겠습니다.
- 하나님 우편에 앉아 계시는 예수 그리스도와 위의 것을 바라보겠습니다.


## 결론

이런 문구로 언약문을 결론 지을 것을 제안한다.

- 제가 오늘 맺는 언약을 항상 상기시켜 주시고, 지킬 수 있는 은혜를 주시옵소서. 제 자신의 연약함과 주님 능력의 강함을 알기 때문에 주님의 긍휼과 힘에 의지하며 나아갑니다. 아멘.


## 언약문 완성하기

위의 세 요소(도입, 본문, 결론)로 완성한 언약문은 다음과 같다.

하늘에 계신 아버지, 앞으로 24시간 동안 주님 앞에서 눈의 언약을 맺습니다. 제 정욕을 충족시키고 비교하기 위해 절대로 여자를 쳐다보지 않겠습니다. 매혹적인 그림이나 매력적으로 느껴지는 여성을 예기치 못하게 대면하면 고개를 돌리거나, 그 영상을 끄거나 그 장소를 벗어나겠습니다. 저는 하나님 우편에 앉아 계시는 예수 그리스도를 생각하며 위에 것을 바라볼 것입니다. 제가 맺는 언약을 항상 상기시켜 주시고 지킬 수 있는 은혜를 주시옵소서. 제 자신의 연약함과 주님 능력의 강함을 알기 때문에 주님의 긍휼과 힘에 의지하며 나아갑니다. 아멘.

# 눈의 언약을 위한 나눔

탐구

예시된 언약문에서 당신이 개인적으로 공감하는 문구
는 무엇인가요? 이것 외에 언약문에 포함시키고 싶은
것이 있나요?

나눔

당신이 기록한 것을 소그룹과 나누고, 모두가 언약문을
완성할 수 있도록 서로 도와주세요.

기도

언약문에 기록한 약속들을 위해 시간을 정해 기도하세
요. 성령님의 임재에 마음 문을 열고, 눈의 언약을 통해
베풀어 주시는 은혜를 경험해 보세요.

*chapter* 15

# 마음을 다하는
# 마지막 세대

이 사람들은 여자와 더불어 더럽히지 아니하고
순결한 자라 어린 양이 어디로 인도하든지 따라가는 자며
사람 가운데에서 속량함을 받아 처음 익은 열매로
하나님과 어린 양에게 속한 자들이니 (계 14:4).

눈의 언약의 놀라운 장점들은 다음과 같다.

1. 정욕과 죄를 극복하고 큰 승리를 쟁취한다.

만일 나와 같은 경험을 한다면 정욕을 극복하는 승리를 직접 느
낄 수 있을 것이다. 죄와 싸워 승리할 수 있다면 그것은 가격을 매
길 수 없을 만큼 귀한 것이다.

2. "모든 생각을 사로잡아 그리스도에게 복종하게" 하는 과정 속에
서 더 철저하게 준비된다.

눈의 문을 굳게 닫으면 원수는 들어오지 못하고 성문 밖에 있게 된다. 당신은 유리한 고지에서 생각의 전쟁을 할 수 있다.

### 3. 예수님과 새로운 차원의 친밀감을 누리게 된다.

예수님은 당신이 맺은 언약을 기뻐하실 것이고, 당신은 마음으로 이것을 느낄 수 있을 것이다. 이전보다 큰 차원의 승리를 체험하고, 사랑을 가로막던 장애물들이 극복되면서 예수님의 임재를 더 민감하게 느끼는 자신을 발견할 것이다.

> 사랑을 가로막던 장애물들이 극복되면서
> 하나님과의 더 깊은 친밀감에 들어설 수 있다.

### 4. 마지막 시대에 구별된 나실인 세대를 일으켜 세울 수 있는 권세를 얻는다.

요한계시록 14장 4절은 나실인처럼 그리스도에게 구별된 마지막 세대를 묘사하고 있다.

"이 사람들은 여자와 더불어 더럽히지 아니하고 순결한 자라 어린 양이 어디로 인도하든지 따라가는 자며…" 이들은 눈의 언약을 맺은 자들이다. 어떻게 알 수 있는가? 그들이 보여 주는 순결은 오직 눈의 언약을 통해서 지킬 수 있기 때문이다.

누가 이런 세대를 이끌겠는가? 이들과 동일하게 열정적으로 순결을 지키려고 헌신하는 자들만이 할 수 있다. 이 언약을 통해 자신감을 얻고 순결을 지키는 여정 가운데 역사가 쌓여간다면 하나님께서는 아버지를 따라오는 자녀 세대에게 아버지의 마음을 돌리실 것이다(말 4:6). 당신은 다음 세대에게 그리스도를 향한 마음을 다한 구별됨을 어떻게 추구할 수 있는지 보여 줄 수 있다.


## 간증


어느 주말, 스물다섯 살의 젊은 찬양 사역자(그는 아름다운 아내와 사랑스러운 자녀를 둔 훌륭한 젊은 남성이다)와 어느 교회에서 설교하기 위해 갔다. 나는 말씀을 전하고 그는 찬양으로 예배를 인도할 예정이었다. 공항에서 비행기 탑승을 기다리면서 대화를 나누는데 그가 이런 말을 했다

"제가 아침에 일어나자마자 제일 먼저 하는 일은 하나님께 기도하는 것입니다."

그가 매일 드리는 기도가 무엇인지 말하기 전에 배경을 잠깐 설명하면, 그의 기도는 그리스도께서 말씀하신 것을 인용한 것이다.

"그러므로 회개하라 그리하지 아니하면 내가 네게 속히 가서

내 입의 검으로 그들과 싸우리라"(계 2:16).

예수님께서 버가모 교회에 말씀하시면서 그들을 칭찬하신 반면에 성도들을 성적 타락으로 이끄는 교리를 가르치는 자들이 있었기 때문에 이에 대해 책망하신 것이다. 성적 문란함이 합법화되고 합리화되고 있었다. 예수님은 음란함을 회개하라고 날카롭게 책망하시면서 그들이 회개하지 않으면 "[그의] 입의 검으로 그들과 싸우리라"고 경고하셨다.

> 예수님께서 입의 검으로 나를 대적하여
> 싸우시는 것보다 더 무서운 것은 없을 것이다.

예수님께서 입의 검으로 나를 대적하여 싸우시는 것보다 더 무서운 것은 없을 것이다. 언젠가 이 검은 그리스도를 대적하기 위해 적그리스도가 모집한 전 세계적인 군대를 모조리 죽일 것이다 (계 19:21). 그분의 입의 검은 정말 끔찍한 무기다. 내 젊은 친구가 매일 드린다는 기도에 등장하는 검이 바로 이것이다. 그는 아래의 기도로 하루를 시작한다고 했다.

주 예수님, 오늘 제 눈으로 당신과 맺은 언약을 어기게 된다면 당신의 입의 검으로 저와 싸워주시옵소서. 하지만 당신과 맺은 언약을 지키며 제 눈으로 바라보는 것들이 당신을 기쁘시게 한다면 저에게 은혜를 베푸시고 축복하시고 그 누구도 닫을 수 없는 은총의 문들을 열어 주시옵소서.

그의 이야기를 듣고 그를 멍하게 쳐다볼 수밖에 없었다. 예수님 입의 검으로 자신과 싸우라고 기도하다니 믿을 수 없었다. 그를 보면서 입 밖으로 소리 내서 물어보지는 않았지만 속으로 이렇게 생각했다.

'도대체 이 청년의 정체가 뭐지?'

이런 기도를 드리는 청년의 정체는 도대체 뭘까? 어떤 종류의 사람들이 이런 기도를 하는지 설명하겠다.

구별된 삶을 열정적으로 추구하는 세대가 우리가 살고 있는 이 마지막 때에 일어나고 있다. 세상이 어둠으로 가리워질 때 그들은 어린 양을 향한 흔들리지 않는 충성으로 일어서고 있다(사 60:2). 그들은 눈의 언약을 맺고 있다. 그들은 그리스도 안에서 기업을 상속받을 자격을 박탈하려는 죄와 공격적으로 싸워 극복해 내고 있다. 그들은 "여자와 더불어 더럽히지 아니하고 순결한 자라 어린 양이 어디로 인도하든지 따라가는" 세대다.

세상은 아직 이런 세대를 경험하지 못했다.

이 세대에 동참하겠는가?

당신에게 오늘은 새로운 시작이 될 수 있다.

## 눈의 언약을 위한 나눔

탐구

요한계시록 14장 4절을 묵상하고 기도하세요. 더럽혀지지 않은 순결함으로 어린 양이 어디로 인도하든 따라가는 사람이 어떻게 될 수 있는지 주님께 구하세요.

나눔

이 장 마지막에 나오는 간증에 대해 서로 이야기해 보세요. 요한계시록 2장 12-17절에 나오는 버가모 교회에 보내는 편지를 읽고, 이 이야기가 당신에게 어떤 도전이 되었나요?

기도

내 젊은 친구처럼 요한계시록 2장 16절을 놓고 기도할 생각이 있나요?

# 부록

아래의 자료는 내가 그 내용에 전적으로 동의하기 때문에 포함한 것이 아니라 추천받은 자료다. 모든 자료를 분별함으로 사용하라.

《모든 남자의 참을 수 없는 유혹 Every Man's Battle》

스티븐 아터번, 프레드 스토커 지음

《모든 젊은 남자의 순결 전쟁 Every Young Man's Battle》

스티븐 아터번 지음

《아담의 사춘기 Preparing Your Son for Every Man's Battle》

스티븐 아터번 지음

《모든 여자의 들키고 싶지 않은 욕망 Every Woman's Battle》

섀넌 에트리지, 스티븐 아터번 지음

《모든 남자의 참을 수 있는 유혹 Pure Desire》

테드 로버츠 지음

《남자입니까? Maximized Manhood》

에드윈 루이스 콜 지음

《그 길에서 서성이지 말라 The Purity Principle》
랜디 알콘 지음
《거짓된 친밀감 False Intimacy》
해리 섐버그 지음

## 밥 소르기의 저서들

《그럼에도 주님 곁에 머물다》 스텝스톤
《기도 응답의 지연이 주는 축복》 은혜출판사
《내 영이 마르지 않는 연습》 스텝스톤
《보좌로 나가는 은혜》 HPWM 출판부
《불굴의 기도》 예수전도단
《영광》 예영커뮤니케이션
《예배는 사업이 아닙니다》 HPWM 출판부
《주의 임재의 강으로 뛰어들라》HPWM 출판부
《칭찬의 유혹》 샬롬서원
《내 안의 적 시기심》 샬롬서원
《욥기》 샬롬서원
《하나님이 당신의 이야기를 쓰고 계신다》 규장
《그럼에도 주님 곁에 머물다》 스텝스톤
《기도 응답의 지연이 주는 축복》 은혜출판사
《돌파하는 믿음》 스텝스톤